고객을 사로잡는 디자인 혁신

차례
Contents

디자인의 개념과 분야

디자인의 의미

1990년부터 서울 도심은 고층 빌딩 숲으로 변해 가고 있다. 마치 미국의 맨해튼을 연상시킨다. 요즘은 저층이든 고층이든 지었다 하면 유리 외벽에 안은 들여다볼 수도 없게 어두운 색으로 선팅을 해 어찌 보면 거대한 유리 상자가 버티고 있는 것처럼 보인다. 불과 몇 년 전부터 일기 시작한 이러한 경향은 유행처럼 신건축 양식으로 번져 가고 있다. 이런 현상은 우리나라에 서양식의 새로운 건축 디자인 문화가 확산되고 있음을 보여 주는 단적인 예라고 할 수 있다.

이런 건축 문화의 원조를 꼽으라면 독일의 바우하우스

(Bauhaus)를 들 수 있다. 바우하우스 대학의 교수로 재직했던 건축가 발터그로피우스(Walter Gropious)의 작품인 독일의 파구스 공장은 "지붕이 없고 직선으로 이루어진 유리창으로 된 외벽, 기능주의적 실내 디자인, 그리고 땅에서부터 기둥을 올려 떨어져 있는 듯한 건물"로 유명하다.

뒤이어 바우하우스 대학 교수 아파트의 새로운 디자인이 탄생하게 되었는데, 새소리 나는 쾌적한 숲 속에 전원 마을처럼 자연과 조화를 이루는 아파트의 설계는 근대적 아파트의 디자인으로 이어진 것으로, 당시에는 혁신적인 건축 설계였다. 또한 이때 개발된 콘크리트 지붕인 평면 슬라브 공법은 제2차 세계대전의 종전 후 미국의 자본력에 의해 전 세계에 확산되었고, 국제적인 양식이 되어 근대적인 건축 양식으로 발전하기에 이르렀다.

바우하우스가 등장한 시기는 1919부터 히틀러에 의해 강제로 해산된 1933년까지 불과 14년간이지만, 바우하우스가 전 세계 디자인사에 미친 결과는 엄청나다. 당시 몇몇 예술가들에 의해 제자를 기르고 작품을 만드는 공방을 함께 운영한 교육기관인 바우하우스는 탈(脫)장식주의를 지향, 봉건사회의 과잉된 장식주의를 탈피하고자 노력했다.

이후 미국으로 건너간 바우하우스는 미국의 디자인 발전에 크게 기여하게 된다. 저급의 생활필수품이 전부였던 미국 시장에 심플한 배색에 길쭉한 타원형의 파카51 만년필과 파카 잉크병의 패키지 디자인 등은 당시 미국 사회에서 상당한 인기를 끌었으며 근대 디자인의 효시가 되었다.

바우하우스의 이런 디자인은 새로운 사고의 디자인 시작을 의미하며, 전통적인 관념을 벗어난 획기적인 생활양식의 변모를 의미하는 다양한 제품들이 등장하는 계기를 마련해 주었다. 특히 평면의 벽지 인쇄가 롤 벽지로 디자인되어 그라비어 인쇄 방식으로 개선된 것도 실내 인테리어 부분에 큰 변화를 가져오는 계기가 되었다. 이처럼 근대 디자인사에 혁신적인 변화를 가져온 바우하우스가 독일 나치스에 의해 강제 해산되지 않았다면 현대 디자인 산업은 과연 어떻게 발전했을까? 지금은 학문적 차원의 연구 과제로만 남게 된 아쉬움이 있다.

결과적으로 디자인이란, 우리 생활의 불편한 요인들을 개선한다는 목적에 합치되는 측면에서 기능과 아름다움을 더해 편리성과 기능성을 주는 것을 의미한다. 또 다른 측면에서는 우리가 생활 속에서 자주 접하는 가전제품들의 작동 버튼들, 자동차 운전 중 교통표지에 따른 운전자의 반사적인 행동 등등 이런 심벌들은 도상과 상징의 혼합으로 전 세계적인 공통 언어요, 시각 커뮤니케이션의 한 방법이 되고 있다.

우리는 시각적·조형적 형태의 물질과 함께 생활하고 있으며, 그들이 가지고 있는 선·형태·재질·색채와 같은 시각 요소들은 어떤 의도적 형식을 갖추어 우리에게 이미지나 의미 있는 메시지 등을 전달해 준다. 이와 같이 어떤 의미 구조를 갖춘 시각적 형식은 마치 언어의 단어나 문구, 문장과 같은 역할을 하여 의미 있는 메시지를 전달하기 때문에 이를 시각언어

(visual language)라고 일컫는다. 시각언어는 여타 언어(verbal language)와는 달리 즉시성이 있고 감각적으로 직접 어필하기 때문에 내용과 형식을 동시에 잘 알 수 있게 하는 힘이 있다.

이처럼 언어로 말하거나 글로 전달하는 것은 버벌 커뮤니케이션(verbal communication)이라 하고, 심벌처럼 비언어로 전달하는 것은 논버벌 커뮤니케이션(non-verbal communication)이라 한다.

산업혁명 이후의 변화

디자인사에서 18세기의 산업혁명은 수공업 시대에서 기계공업 시대로 전환되는 중요한 시기였다. 특히 윌리엄 모리스(William Morris), 존 러스킨(John Ruskin) 같은 디자이너들이 수공예 시대의 향수에 젖어 기계공업에 반대하는 사회적 이슈를 가져온 것도 이때였다.

이 시기에 디자인이 태동하게 된 것은 18세기 말 이후에 일어난 생산과 소비의 양면에 걸친 큰 변화를 전제로 한다. 이때까지 가내공업 또는 이보다 약간 진보된 공장제 수공업에 의한 생산은 산업혁명으로 인해 그 터전이 기계를 갖춘 공장으로 옮아갔으며, 동시에 그 생산 수단의 소유자인 자본가가 탄생하게 되었다.

그러나 산업혁명 후 모든 산업 환경을 지배해 왔던 대량생산 체제가 유통 구조의 변화와 정보 산업의 발달로 인해 급변하게 되고, 그로 인해 디자인에 대한 새로운 의미 부여의 필요성이 제기되었다. 그 결과 고도 성장기를 지나 생활이 안정되고 평준화되면서 소비자들은 자연스럽게 생활의 질적인 변화, 즉 삶의 질(quality of life)을 추구하게 되었다.

따라서 상품 또는 제품의 생산을 위한 기존의 디자인보다는 다양해진 고객의 수요와 욕구를 근본적으로 충족시킬 수 있는 서비스의 관점에서 디자인을 제공해야 한다는 개념으로 디자인의 의미가 근본적으로 변하게 되었다.

1990년 앨빈 토플러(Alvin Toffler)는 산업사회가 정보화 사회로 전환되면서 권력의 원천이 지식으로 이전된다고 주장했다. 이러한 미래학자들의 주장이 21세기에 접어들자 곧 현실화되었고 지금 세계는 '지식기반경제'(knowledge-based economy)의 시대로 나아가고 있다. 지식기반경제란, 경제성장이나 부의 창조가 지식에 의해 주도되는 경제를 의미한다.

지금 우리의 경제는 IT 산업이 주류를 이루고 있고, 모든 생활이 IT를 이용한 정보화 시대로 진입한 것도 지식기반경제의 첫 단계라고 볼 수 있다. 또한 세기말 학자들은 21세기를 예측하면서 많은 정의와 키워드를 내놓았는데, 그중 중요한 가치는 3D(Design, DNA, Digital)일 것으로 예측했다. 그 가운데서도 디자인의 가치와 역할은 기업 경영은 물론 국가 경쟁력에도 상당한 비중을 차지할 것으로 내다보고 있다. 이러한 사회적 변혁은 미래의 디자인이 어떻게 변화할 것인지 예측하기 어렵게 만들고 있다.

디자인과 국가 경쟁력

요즘 프랑스 파리에서는 디자인이라는 말 자체를 부정하고 있다. 이유는 일반 패션이나 건축, 미용 분야와 혼용하여 쓰고 있어 이들 분야와 차별화된 구체적인 의미를 주기 위해 디자인의 의미 자체를 바꾸고자 하기 때문이다. 아마도 너무 일반화된 디자인 용어에서 산업디자인이라는 특수성을 차별화하기 위해서일 것이다.

그러나 우리나라에서는 디자인이 일반적인 의미로 널리 퍼져 있으며, 특히 수출 주도형 경제정책과 산업에서 일어나는 디자인 관련 제반 문제점들이 매스컴을 타고 있어 그만큼 일반론적인 디자인의 의식이 점점 확산되고 있다.

그렇다면 디자인의 의미는 무엇일까?

디자인이란, 미적 조형성과 사용상의 편리성과 독창성을 갖고 있는 아이디어와 제품 또는 편리한 생활을 위한 아이디어를 의미한다. 다시 말해서 우리 생활에서 필요로 하는 전반적인 분야에 관여하고 있으며, 산업의 발달과 문화 수준의 향상에 있어 필수적으로 동행하는 것이다.

우리나라의 수출산업이 급성장한 것과 같이 디자인도 이에 동반하여 빠른 발전을 보이고 있으며, 근래에는 대학에서 배출하는 전문 인력만도 일 년에 3만 6,000명에 달하고, 산업체에서 고용하고 있는 디자이너도 50만 명에 이르고 있다.

이렇듯 우리나라 디자인이 고속 성장하게 된 것은 수출산업의 발전과도 관계가 있으나 그보다 더 중요한 것은 한국인의 특이한 국민성과 성격에서 기인된 것으로 여겨진다. 그것은 새로움(newness)에 도전하고 시험하고자 하는 열의가 세계 어느 나라보다도 빠르고 강하게 부각되기 때문이다.

우리의 생활 문화에서 가장 빠르게 변화가 온 것은 팬시 제품 시장이라고 할 수 있다. 1980년대에 비해 1990년대의 팬시 산업은 비약적으로 발전했으며, 1990년대 중반에 이르러서는 동남아 시장에 수출하는 주요 품목으로 부상하기도 했다.

필자가 만난 팬시 회사의 한 간부의 언급처럼, 디자이너는 지나가는 여자들의 옷이나 머리를 내 마음대로 입히고 벗겨가며 그 사람의 아름다움에 대하여 평가할 수 있는 환상적인 통찰력을 갖추어야 하고, 항상 사물에 대해 긍정적인 자세로 분석할 수 있는 창의력을 발휘할 수 있는 사람이어야 한다. 디자이너는 항상 현재에 만족하지 않고 좀 더 발전적인 미래를 향해 능력을 펼쳐 갈 수 있는 안목이 필요하다. 안목이란, 교육에 의해 이루어지는 것만이 아니라 생활 문화에서 체험하고 얻어진 것을 시각적·조형적으로 자기 개성에 맞게 연출할 수 있는 '끼'를 말한다.

디자인사(史)에서 세계적으로 디자인이 발전한 나라를 꼽으라면 영국을 들 수 있다. 영국은 빅토리아 여왕 시대부터 복잡하고 화려한 장식주의를 볼 수 있었고, 1851년에는 세계 최초의 만국박람회를 개최하여 디자인사에 큰 족적을 남겼다. 이런 후광으로 영국은 대처 수상 때부터 디자인 교육의 활성화와 조기 교육의 필요성을 인식하게 되었고, 초등학교 때부터 디자인 교육이 의무적으로 이루어지고 있어 디자인이 생활화되고 있으며, 현재는 세계적인 디자인 수준을 자랑하고 있다.

1998년 토니 블레어 총리는 영국을 21세기 선진국의 발전 모델로 만들기 위해 국가의 이미지부터 바꾸고자, 역사와 전통을 자랑하는 과거의 영국이 아닌 젊고 창의력 넘치는 미래의 나라 영국 즉 "쿨 브리타니아"(Cool Britania : 멋진 영국)를 주창했다. 블레어 총리는 지난해 가디언지 기고에서 문화 산업의 중요성을 강조하면서 영국은 "세계의 디자인 공장"이 되어야 한다고 역설했다. 영국은 연간 120억 파운드를 벌어들이고 있는 디자인 산업을 국가 정책의 일환으로 생각하고 있다.

이후 영국은 립톤티, 롤스로이스 자동차, 스코틀랜드 위스키, 버버리 등 세계적인 디자인으로 인정받는 브랜드들을 가짐으로써 영국의 수출산업에 큰 기여를 하고 있다. 지금 영국인들은 후일 영국 경제가 어렵게 되더라도 세계적 브랜드가 있는 한 영국의 경제는 결코 쓰러지지 않을 것이라고 장담하고 있다.

영국은 과거 대처 수상 때부터 디자인에 관심을 갖고 디자인 정책 회의를 총리가 직접 주관하기도 했다. 이런 관점에서 보면 디자인이란 한 개인이 디자인 가치를 논하기에 앞서 한 국가의 미래에 삶의 가치와 행복을 가져다준다는 차원에서 국가의 정책적인 디자인 산업 관리가 필요하다고 본다.

2004년 미국의 저명한 인터브랜드사(Interbrand)가 뉴스위크지에 소개한 바에 의하면, 세계 100대 기업 톱 브랜드를 조사한 결과 6위인 노키아(핀란드)를 제외하고는 1위부터 상위 8위까지가 모두 미국 기업인 것으로 나타났다. 이들 8개 미국 기업의 브랜드 가치를 합산하면 무려 2,860억 달러나 된다.

1위인 코카콜라의 브랜드 가치는 704억 달러(약 70조 원), 우리나라 정부 일 년 총예산 120조 원의 절반을 넘는 수치이다. 한편 노키아는 세계 100대 기업에서 6위로 올라선 핀란드의 대표 기업으로, 핀란드 전체 경제의 약 50%를 차지하고 있다. 100대 기업에 포함된 삼성의 순위는 24위, 브랜드 가치는 108억 달러(10조 원)로 우리나라 총예산의 0.8%를 점하고 있어 다른 나라 기업들과 비교가 되고 있다. 이와 같이 브랜드 가치는 기업 평가에 절대적이며 국가 간 경제력 평가에 큰 역할을 하고 있음을 알 수 있다.

디자인의 분야와 조건

산업디자인은 순수한 작품을 위주로 하는 공예디자인을 제외한 디자인 전체를 의미하는 것으로, 광의의 뜻을 지닌다.

크게 네 분야로 설명하자면, 우선 우리가 읽고 보는 모든 영역에 관련된 디자인으로, 대중적인 매체나 미디어를 통한 상업적 광고 등을 포함하는 시각전달 디자인(visual communication design)이 있다. 두 번째는 현대 산업에서 각광받고 있는 디자인으로, 비행기·자동차·전자제품 등 우리가 사용하는 도구나 기기를 보다 편리하고 아름답게 대량생산을 할 수 있는 프로덕트 디자인(product design)이 있다. 세 번째는 일품 공예가 아닌 기계에 의해 대량생산이 가능한 생활에 쓰이는 기구 등으로, 대중이 사용할 수 있는 도구를 제작하는 공예디자인(craft design)이 있다. 네 번째는 인간의 삶과 자연과의 조화를 모색하는 환경디자인이 있다.

디자인은 조형예술이라고 하지만 순수예술과는 달리 실용성과 기능성을 갖추어야 한다. 디자인의 조건은 그들이 각기 다른 존재 의미를 가짐으로써 각각의 입장에서 비판되는 것이 아니라, 전체의 조건이 만족되고 그들이 융합되어 서로 균형이 잡혔을 때 디자인으로서의 가치를 지니게 된다.

그리고 디자인으로 성립되기 위해서는 다음의 다섯 가지 조건을 갖추어야 한다.

가장 중요한 조건은 합목적성이다. 주전자나 포스터 등은 각각의 추구하는 바에 알맞게 전개되어야 한다. 주전자는 따르는 기능과 담는 기능, 끓이는 기능 등을 갖추어야 한다. 기능성이 없는 재료에 손잡이를 달아 주전자 모양을 갖추었다고 주전자가 되는 것은 아니다. 다시 말해서 사용할 수 없는 것은 디자인이라고 할 수 없다. 또 어느 한 개인만을 위한 것이어서도 안 된다. 디자인은 반드시 객관성을 지녀야 하고, 생활에 유익한 것이어야 한다. 주관적으로 만든 사용할 수 없는 조형물은 디자인의 영역이 아닌 순수예술의 영역에 포함된다.

또 하나는 경제성이다. 경제의 원칙에 위배되는 디자인은 좋은 디자인이 될 수 없다. '최소의 비용으로 최대의 효과'라는 경제 원칙은 디자인에도 적용된다. 즉, 인쇄 과정에는 색도 수를, 제작물에서는 재료의 절감을, 프로세스에서는 생산비와 인건비의 절감을 처음 기획에서부터 고려해야 한다.

다음은 독창성이다. 어떠한 디자인이든 독창적이지 못한 것은 살아남을 수 없다. 남의 것을 모방하는 것은 금물이며, 디자인의 도입은 다른 제품들과의 차별화에도 큰 의의가 있다.

또 다른 한 가지는 심미성이다. 심미성은 아름다움을 줄 수 있는 디자인으로서 물질적인 문제뿐 아니라 정신적인 쾌적함과 편리함도 포함된다. 소비자의 감성이 발달함에 따라 현대 디자인의 심미성은 특히 필수적인 요소가 되었다. 디자이너는 주관적인 것이 아닌 객관적인 심미성을 전개해야 한다.

끝으로 질서성이다. 이것은 앞서 열거한 4가지 항목들이 질서와 밸런스를 갖추어 상호 유기적인 관계를 가지고 전개되는 것이 효과적임을 강조하는 것이다.

한국인의 의식과 디자인 문화

한국인들은 촌락 중심의 소집단 속에서 자급자족하면서 서로 깊은 정(情)을 나누며 살아가는 인정사회(人情社會)를 이루고 있다. 마을 밖 고개를 넘으면 타향이고 사람이 죽어도 내를 건너면 북망산이다. 그래서 상여는 내를 건너기 전에 가재걸음을 반복한다. 이러한 생활 습관으로 인해 우리는 인정권 밖과는 친화력이 없으며 공공 의식이나 질서에 미숙하다고 학자들은 말한다.

한국인들의 생활 의식 속에는 원한이라는 것이 있다. 원(怨)은 외부에서 타인이 가한 것이고, 한(恨)은 내부적으로 쌓여 생긴 것을 의미한다.

이렇듯 한국인의 마음에는 음지와 양지가 있고 원한이 풀

릴 때는 신명(神明)이 나고, 신명이 나면 서민 계급의 생활 감정을 표현한 탈춤이나 사물놀이 마당을 펼친다. 그러는 사이에 소원했던 정이 다시 새록새록 솟아나기도 한다. 원한이 어둡고 무겁고 폐쇄적이라면 신명은 밝음과 개방을 의미한다. 그러기에 한국인은 누구나 신명 나고 신바람 나게 살고 싶어 한다. 누구네 집 아들딸이 올림픽에서 금메달이라도 따면 온 동네가 축제 마당이요, 없는 살림살이에도 상다리가 휘어지게 음식들을 차려 내오고, 꽹과리와 농악, 사물놀이가 어우러지는 마을 잔치가 벌어져 한바탕 한풀이를 한다.

이런 점에서 한국의 전통 사회는 정(情)의 사회라고 할 수 있다. 맺혔던 원한이 풀려 정을 회복하고, 지금까지 어려웠던 과거를 쉽게 잊어버리려 하며, 아주 새로운 것으로부터 다시 출발하려는 변화 의식도 가지고 있다. 오랫동안 함께 살아온 부부가 헤어질 위기에서도 "끈끈한 정 때문에"라는 말을 입에 올리고, 우리의 유행가에서 사랑과 정을 빼고 나면 그야말로 양념이 빠진 음식과 같다고 할 만큼 정이란 한국인의 생활 속에 깊이 자리하고 있음을 알 수 있다.

한국인의 사고방식을 다섯 가지로 표현하면 다음과 같다.

첫째는 지나친 감수성을 들 수 있다. 내향적이고 감성적이며 마치 동면하는 곰과도 같지만 언제 폭발할지 모르는 감성과 열정을 지니고 있다. 한국인은 보수적 성향을 갖고 있으면서도 유행이나 새로운 상품에는 민감한 반응을 보이고 있다.

둘째는 과거에 대한 집착이다. 한국인들은 어른이나 존경하는 사람의 죽음을 '돌아가셨다'라고 표현한다. 돌아간다는 말은 곧 재생을 의미한다. 그래서 죽음은 새로운 출발을 의미한다. 우리는 조상에 대한 봉사를 하지 않으면 언제 화를 입을지 모른다는 불안감을 가지고 있어, 복을 받기 위해 조상의 묘를 떠나지 않으며 신성시한다. 우리는 이제까지 선인들의 학설을 뒤엎은 사람이 없고, 오히려 조상들의 과업을 과시하려 하고 가문의 영예로 생각하려 한다. 또한 가문에 성공한 자가 나오면 조상의 묘부터 치장하며 추석 명절에는 성묘객들로 전국의 고속도로는 주차장을 방불케 한다.

셋째는 권위주의이다. 양반은 죽어도 곁불은 쬐지 않으며 권위를 앞세우려는 의식이 있다. 그래서 권위를 상실했을 때는 가문이 끝난 것으로 치부한다. 타인이 자신의 권위에 대해 도전하거나 침해하는 것을 극히 싫어하며 자기를 보호하기 위해 허세를 부린다. 이런 점들로 인해 과소비와 일류병 등 현실적이지 못한 면들이 나타난다.

넷째는 체면이다. 한국인은 자신에 충실하기보다는 남이 나를 어떻게 볼까 하는 의식에 더 신경을 쓴다. 슈퍼마켓보다는 백화점에서 여는 문화 교육에 참여하는 것을 자랑으로 생각한다. 누군가 돈을 빌리러 오면 받지 못할 것이 뻔해도 1,000원을 요구하면 500원이라도 주어 보내며 각각 500원의 이득을 본다고 생각하는 것이 한국 사람들이다.

다섯째는 공리적(公利的) 사고이다. 같은 불교 국가인 인도와 비교해 볼 때 인도인은 인간이란 생존을 거듭하는 것으로 사후에도 윤회의 운명이 기다리고 있어 살아 있는 동안 공덕을 쌓고 수행하여 내세에 좋은 곳으로 갈수 있다고 믿는 데 반해, 한국인은 사후의 운명에 관해서는 영혼이 육체를 떠나서 유리(遊離)하는 것으로 생각하고는 육체가 매장되더라도 영혼은 육체의 주위를 항상 배회하고 있다는 신념을 가지고 있어 영혼을 불러들일 수 있다고 생각한다. 그래서 사자(死者)를 위해 호곡(號哭)하는 종교적 예의도 생기고, 조상의 제사를 받드는 것도 바로 이런 공리적인 사고에서 나온 것이다.

한국인은 유교의 정서에서 설명하듯이 권위, 체면, 개인보다는 사회, 종속적 지위의 위계질서 등 한국 사회의 경제·사회·문화적인 면에서 세계 어느 나라와도 다른 특성을 가지고 있다.

또한 한국·중국·일본은 세계 유일의 젓가락을 쓰는 문화를 갖고 있다. 이들 세 나라는 서로 젓가락의 길이와 재질도 다르고 사용하는 방법도 조금씩 다르지만 전체적으로 보면 음식 문화와 관련이 깊고, 민속과 풍습에도 같은 영향을 주고 있으며, 신과 인간의 관계 및 문화와 금기 사항 등 서로 유사한 점이 많다. 이들 세 나라 사람들은 뛰어난 순발력과 손재주를 지니고 있다. 그중에서도 한국인의 지능이나 순발력에는 외국 사람들도 혀를 내두른다. 서양의 포크와 나이프가 하는 기능을 우리는 젓가락 하나로 다 해결한다. 음식을 자르고, 부수고, 나누고, 찍어 올리고, 작은 콩이나 머리카락 한 올도 집어내는 등 포크와 나이프 기능의 몇 배 이상을 거뜬히 해내고 있다.

한국을 방문한 노벨상 수상작가 펄벅은 경주에서 손으로 썬 무채 반찬을 보고는 "저건 요리가 아니라 예술"이라고 했으며, 초등학교 학생이 점심시간에 도시락에서 콩자반을 집어 먹는데 하나도 흘리지 않는 것을 보고는 "저건 식사가 아니라 곡예"라고 했던 말이 생각난다. 이와 같이 한국인은 섬세함과 순발력을 가지고 있어 각 분야에서 새로운 기술의 혁신과 특이한 아이디어를 보여 주고 있다.

그런가 하면 불같은 모험의 성격도 가지고 있어 유럽이나 미국에서 IT 분야의 신제품을 들고 한국 시장에 와서 마켓 테스팅(Market Testing)을 할 정도로 신제품에 대한 선호도가 높다. 이러한 성격과 의식으로 인해 세계 속에 인터넷 강국이라 불릴 정도로 세계는 한국을 평가하고 있으며, 유행이나 디자인의 패러다임 또한 쉽게 바뀌어 가고 있는 것이다.

유행과 디자인의 패러다임

미국의 과학사학자인 토머스 쿤(Thomas S. Kuhn)은 디자인이 발전하고 변화하는 과정을 패러다임의 변화라고 말하고 있다. 사람들은 사물이나 현상을 지각하고 인식함에 있어 고정관념이나 선입견에 따라 잘못 보거나, 사물이나 현상을 선택적으로 지각하게 된다고 한다. 이처럼 사물이나 현상을 지각하고 인식함에 있어 고정관념이나 선입견과 같은 사고 필터를 가지고 지각하는 체계를 토머스 쿤은 패러다임(paradigm)이라고 정의하고 있다.

이런 측면에서 볼 때 패러다임은 스스로의 범주를 설정하고 안주하려는 경향이 짙다. 그 결과 미래 예측을 하기 어려운 낡은 패러다임이 생기게 되고, 새롭고 낡은 패러다임의 연속적 전환을 통해 디자인의 변화도 가져오게 되며, 유행이 생겨나고, 따라서 역사도 변화한다.

그러므로 디자인이 의미하는 패러다임은 한 공동체가 지니고 있는 스탠더드 모델(standard model)이라 할 수 있다. 이런 이유로 패러다임은 발전한다는 것보다는 변동(shift)이라 할 수 있어 다자인 또한 사회 문화가 바뀌면 같이 바뀌게 된다.

우리는 변화의 소용돌이 속에서 살고 있다. 우리가 살고 있는 사회는 사회 환경에 따라 제도와 법이 바뀌듯 인간의 삶의 흐름에 따라 변화하기 마련이다. 이처럼 삶 자체가 환경적 요인에 의해 새로운 것으로 바뀌는 것을 변화라고 할 수 있는데, 디자인의 흐름은 변화라기보다 하나의 변동이라고 할 수 있다. 왜냐하면 변화는 어떤 디자인의 기본이 약간 바뀌는 것에 불과한 데 비해 디자인의 패러다임은 디자인의 기본인 컨셉 자체가 바뀌는 것으로, 이전과는 전혀 다른 새로운 디자인을 의미하기 때문에 이것은 하나의 변동에 가깝다고 할 수 있다.

유행의 단계

매슬로우(Abraham Maslow)는 인간의 욕구를 5단계로 나누고 있다. 가장 하위 단계인 1단계는 배고픔, 목마름, 추위, 더위와 같은 것을 느끼고 해결하려는 생리적 욕구이다. 2단계는 안정성의 욕구로, 1단계의 과정이 해결되면 안정적으로 보호

받고 싶어 하는 단계이다. 3단계는 사람이나 단체 등에 소속되고 싶어 하는 소속감 등 사회적 욕구이다. 이것이 해결되면 4단계인 존경받고 싶은 욕구를 갖게 되는데, 주위로부터 인정받고 사회적 지위를 갖고 싶어 하는 단계이다. 이러한 모든 것들이 해결되면 자기 개발의 성취감을 맛보고 싶어 하는 5단계에 이른다.

이와 같이 인간의 심리 상태는 개인의 욕구가 해결되는 단계에 따라 다르게 나타난다. 일차적인 생리적 욕구가 해결되지 않은 상황에서는 유행이니 문화니 예절이니 하는 것들에는 무관심할 수밖에 없다. 문화가 발달된 사회, 경제적으로 안정되어 있는 사회에서는 더욱 빠르게 유행이 진행된다고 한다.

다른 한 가지는 IT 시대에 따른 정보의 빈번한 활동으로 정보의 공유는 쉽게 이루어진다. 유행은 결코 혼자만의 생각으로 이루어지는 것이 아니라 공동으로 함께 이루어진다. 우리가 어떤 정보에 대한 접촉을 통해 닮아 간다거나 수정 보완을 통해 내 것으로 만드는 것도 있다. 빠른 정보의 회전과 전달은 빠른 유행의 주기를 만들게 된다. 지금의 우리 사회는 유행을 빠르게 받아들이고 있어 거기에 대처할 수 있는 디자인의 패러다임도 바뀔 수밖에 없는 사회·문화적 여건이 성숙되고 있다고 볼 수 있다.

로저스(Rogers, 1962)는 개인이 유행을 선택하기까지를 인지, 관심, 평가, 선택, 시행의 5단계로 설명하면서 재빠르게 유행을 선택하는 사람들의 특징을 다음과 같이 정의하고 있다.

즉, 저연령, 고문화 사회의 경제적 수준, 정보의 접촉이 빈번한 사람, 폭넓은 인간관계를 갖고 있는 사람, 오피니언 리더십의 발휘가 강한 사람 등이 그렇지 않은 사람보다 유행을 더 빠르게 받아들인다고 한다.

가치관이 확립되어 있어 흔들림이 없고 새로운 것을 잘 수용하지 않는 기성세대들의 보수적 성향에서는 유행이 그다지 빈번하게 일어나지 않는다. 그러나 청소년들이나 신세대의 경우 확고한 주체성이 확립되어 있지 않은 과도기적 상황에서 그들이 우상시하는 부류의 모든 것을 대리 만족 차원에서 따라하게 되고 그것이 빈번하게 유행을 만들기도 한다.

이렇게 받아들이는 유행의 보급은 패션 시장의 변화는 물론이요 광고 시장과 생활용품 시장에도 큰 영향을 미치고 있어, 결과적으로는 디자인의 전반적인 변동을 가져오게 한다. 따라서 패션 시장이나 일반 시장의 변동은 새로운 디자인의 창출을 요구하게 된다. 예를 들어 일본에서는 우리나라 동대문시장 제품만 파는 곳이 점점 늘고 있다고 한다. 그야말로 값도 싸고 디자인도 좋아서이다. 동대문에서 새 패션을 주문하면 불과 10일 만에 일본 현지에 도착할 만큼 속전속결로 승부를 건다. 바로 이것이 한국인의 장점이기도 하다. 이곳에서는 하루에 400여 개의 신제품 디자인이 쏟아져 나오고 있다. 우리나라는 보수 성향이 짙은 전통 사회이지만 유행의 보급이나 적응 면에서는 외국에 비해 빠르게 확산되고 있는 실정이다.

광고로 성공하는 기업

GNP 250달러 시대

1970년도의 우리나라는 아프리카의 가나와 같은 수준으로 국민 1인당 소득 250달러의 수출 초기로, 주 수출 품목은 1차 농산물 정도였다. 그 시절의 우리네는 봄이 되면 여름에 나올 보리 수확을 기다리며 허리띠를 졸라매는 '보릿고개'를 넘겨야 했다. 이 시대의 가난을 맛본 구세대는 돈이 생기면 집부터 큰 것으로 바꾼다거나 주로 가족들을 위해 썼지만, 신세대는 집이 없어도 할부로라도 차부터 먼저 바꾸려 한다. 여기에 디지털 세대는 새 차와 신상품에 더 관심을 갖고 있다.

소비자를 이런 시각으로 본다면 세 가지 유형으로 구분할 수 있다. TV 하나를 놓고 보아도 라디오+흑백 세대, 칼라 TV 세대, 디지털+인터넷 세대로 구분할 수 있다. 보고 자란 과정이 다르듯이 이들 소비자 계층 사이는 시각과 의식의 차이가 상당하다.

디지털 정보 세대는 행동이 직감적이며 디지털(digital)적인 반면에 구세대는 아날로그(analogue)적이라 할 수 있다. 디지털 세대는 특히 칼라나 유행의 감각이 디지털적으로 예민하다. 시장을 이끄는 세대도 이들 신세대와 디지털 세대여서 시장이나 백화점에서 고가의 신상품과 명품들이 날개 돋친 듯이 팔리는 이유도 여기에 있다.

신·구세대는 차 마시는 방법도 다르다. 40-70대의 구세대가 자주 들르는 찻집에는 카운터에도 40대 아주머니가 앉아 있다. '금연'이라는 말도 없고 커피 값도 1,500원, 음악은 당연히 흘러간 유행가에 TV는 잘 보이지도 않는다.

그렇다면 신세대는 어떠한가? 서울 강남의 스타벅스에 가면 그 성향을 알 수 있다. 우선 주 고객은 젊은 여성이고 젊은 남성 직원이 서비스를 한다. 커피 값은 2,500-5,000원인데 옵션에 따라 다르며 다양한 고객의 요구를 맞추어 준다.

전 세계의 스타벅스는 미국의 하워드 슐츠 회장이 직접 진두지휘하고 있다. 그는 커피를 마시는 세대에게 제대로 된 커피 맛을 제공하기 위하여 커피의 품질, 점포 디자인, 서비스 방법 등 여느 매장과는 다른 제품에 감성을 넣는 새로운 비즈니스 신상품으로 개발했다.

우리나라 시장은 남한 인구 5천만에 북한 인구를 다 합쳐도 8천만에도 못 미친다. 이웃 일본은 1억 2천만의 인구를 갖고 있다. 경제학자들은 신상품을 출시하여 내수 시장에서 성공하려면 인구 1억 이상의 시장 규모가 되어야 테스트 마켓(test market)에서 성공할 수 있다고 한다. 결과적으로 우리나라는 경제적 부흥을 위해 수출하지 않으면 안 될 처지요, 신상품이 출시되어도 내수 시장에서는 살아남을 수 없는 시장 구조이다. 하지만 우리나라는 세계적인 인터넷 강국에다 새로운 유행에 민감하고 새 상품에 호기심이 강하며 한국인의 성격상 도전적 기질이 있어, 유럽과 미국에서 신상품을 만들면 제일 먼저 한국 시장으로 가져와 마켓 테스팅을 할 정도로 외국인에게는 관심 있는 시장이 되었다.

삼성 애니콜(Anycall) 브랜드를 한 예로 들어본다. 삼성은 무선전화기를 개발해 시장에 내놓았으나 소비자의 인기를 얻지 못하고 모토롤라에게 시장을 잠식당하게 되었다. 그러자 새로운 각오로 연구와 개발을 위해 도봉산 중턱에서 산악 시험을 하던 중 간첩으로 오인, 소대 병력의 경찰 출동을 받을 만큼 비장한 각오로 연구한 결과, 1998년에 애니콜을 탄생시켰으며, 국내시장을 점유한 지 일 년도 못되어 모토롤라와 노키아를 물리치고 당당히 1위에 오르게 되었다.

이렇듯 한국인은 어렵고 열악한 환경에 처하면 오기가 솟구치고 새롭게 각오를 다진다. 어느 기업을 들여다보아도 이런 어려운 역경을 이겨낸 시기가 있다. 우리나라 CEO들의 전

기나 성공담을 보면 하나같이 영화 「실미도」의 부대장을 보는 것 같은 느낌이 든다. 근래에 성공한 기업의 경우를 보면 특히 그런 생각이 든다. 초음속 훈련기 개발 성공, 베트남 15광구 유전 개발 성공, 베트남 가스전 성공, 항생약제 분야 신약 개발 성공, 무궁화위성 개발 성공 등등 참으로 위대한 이들에게 우리는 환호성과 박수를 보내야 할 것이다.

미원·미풍의 숙명적 대결

제1라운드

삼성그룹 창업주 고 이병철 회장은 삼성을 이끌어 오면서 이 세상에서 이루지 못한 것이 세 가지가 있는데, 골프를 마음대로 하지 못한 것, 아들들을 맘대로 못한 것, 조미료 미풍을 성공시키지 못한 것이라고 했다 한다.

1970년대 미풍에 상대되는 미원은 일제의 화학조미료 '아지노모도' 이후 대를 이어온 오래된 브랜드로서 우리의 입맛에 깊이 박힌 조미료였다. 그리고 미원은 조미료 시장을 이미 선점한 브랜드였다.

어머니가 음식을 만들다가 아이에게 미풍을 사오라고 심부름을 시키면 슈퍼에 간 아이는 "미원 주세요."라고 할 정도로 수십 년에 걸친 광고와 소비자의 입맛을 고정시켜 온 조미료가 바로 미원이었다. 미원은 조미료의 대명사로 불릴 만큼 우리들의 머릿속에 각인되어 있어서 미풍이 틈새시장을 파고든다는 것은 결코 쉬운 일이 아니었다. 어떻게 보면 소비자들은 조미료를 미원 한 가지로 착각하고 있었는지도 모른다. 그것은 미원이 오랫동안 쌓아 온 브랜드의 이미지 때문이다.

제2라운드

그런데 1980년대 이후 조미료 시장에 제2라운드의 게임이 벌어졌다. 이때가 복합핵산 조미료의 출시 시기였다. 미원과 미풍 두 회사는 각각 한 달여 동안 모처의 비밀 아지트에서 광고 전략을 세워 거의 근접한 시기에 이를 신문에 터트렸다. 이런 우여곡절을 거치고 태어난 제품이 현재까지도 건재한 제일제당의 다시다 제품이다.

한 작명가는 미원과 미풍은 두 제품의 돌림자가 같기 때문에 후발 제품인 미풍이 손해를 볼 수밖에 없다며 브랜드의 네이밍에 문제가 있다는 말이 당시 시중에 나돌기도 했다.

몇 년 전 제일제당은 "고향의 맛 다시다"라는 광고 헤드라인(head-line)을 내걸고 나왔다. 당시의 소비자들은 먹고살 만한 시절이었다. 탤런트 김혜자를 모델로 선정, 추운 겨울 바닷가에서 드럼통 위에 장작불을 피워 놓고 동태찌개를 끓이는 CF를 내놓아 히트를 했다.

그 옛날 1950년대 어려웠던 시절, 추운 겨울날 시골 몇 십리 밖 장터에 가신 아버지는 시장을 몇 바퀴 돌다가 막걸리 몇 잔 걸치시고 그냥 돌아가기는 서운해 알량한 주머니를 털어 동태 몇 마리를 사 새끼줄에 매달고는 눈보라 속을 헤치고

비틀비틀 집으로 돌아오시고, 그리고 어머니가 그 동태로 끓여 낸 얼큰한 찌개! 누군들 그 맛을 잊을 수 있으랴?

한편에선 시골 할아버지 할머니를 모델로 한 향수 광고가 또 한 편 등장한다. 시골 집 외양간 모습이 보이고 "서울 애들은 방이나 뜨시게 자는지?" 하며 오히려 늙은 부모님이 자식 걱정하는 CF, 귀뚜라미보일러 광고이다.

이런 광고들은 향수에 젖어 있는 사람들에게 제대로 적중했다. 다시 말하면 향수에 젖어 있는 잠재 고객을 다시 깨워 낸 것이다.

제3라운드

2004년 드디어 제3라운드 전쟁이 벌어졌다. 미원과 미풍, 다시다에 이어 이번엔 건강식품 클로렐라로 이어진 것이다. 식품업계 30년 라이벌인 CJ와 대상, 미원은 미풍을 눌렀으나 고급 조미료 시장에선 CJ의 쇠고기 다시다에 밀리고 말았다.

일반적으로 후발 제품이 선발 제품의 높은 벽을 넘지 못한다는 게 공통점이었다. 이런 때 CJ는 대상이 독점하다시피 한 클로렐라 시장에 뛰어들었다. CJ는 최근에 '대상 클로렐라'의 경쟁품으로 'CJ 클로렐라 600'을 선보여 맞불을 놓았다. 대상이 10년 가까이 독주해 온 클로렐라 시장이 웰빙 바람을 타고 1천억 원대로 그 규모가 커지자 본격 경쟁을 선언한 것이다. 이로써 대상 이외에 60여 개 중소업체가 난립해 있던 클로렐라 시장은 대기업 CJ의 가세로 제2의 경쟁 시대로 접어들게 되었다. CJ는 복용의 편의성과 가격 경쟁력을 내세우고, 대상은 '대상 클로렐라'라는 소비자들의 인식이 뿌리내린 만큼 자신감을 보인다. 결과는 두고 봐야겠지만 두 회사 간의 대단한 격돌로 예상된다.

1990년대 중반 미원은 새로운 고민에 빠지게 된다. 그룹이 확장되면서 제품의 다양화가 필요한데 미원 단일 품목으로는 사업이 한계에 이르렀다. 순창의 장류 제품을 판매하게 되면서 문제는 더욱 심각해졌다. 소비자들이 순창고추장이나 커피(로즈버드)에도 미원이 첨가되었다고 생각해 이들 제품을 멀리 하려 했기 때문이다. 미원으로서는 기업 이미지 전략(CIP, Corporate Identity Program)을 재검토할 수밖에 없었다.

새로운 기업 청정원 탄생

(주)대상은 조미료 단일 제품의 회사에서 종합식품회사로 발돋움하기 위해 기업의 주력 제품이자 일등 공신인 조미료 미원의 이미지를 수정해야만 했다. 특히 커피 등 다양한 식품군을 취급하면서도 소비자의 마인드에는 미원이라는 조미료 이미지가 너무 강해 마케팅 전략을 실행하는 것은 말할 것도 없고 종합식품회사를 추구하는 식품 사업의 미션 실현에도 커다란 장애 요인이 되고 있었다.

이러한 여러 가지 대외적인 환경에 적극 대응하고, 고착화된 조미료 이미지를 탈피하기 위해 1995년부터 식품 사업 브랜드에 분산되던 마케팅 지원의 한계를 없애고 제품 특성에 맞는 브랜드 이미지를 구축, 신뢰와 정직이라는 이미지를 유지하면서 조미료라는 이미지에서 탈피하고자 노력했다.

브랜드 아이덴티티의 첫 단계는 제품별로 그 특성에 맞는 통일된 이미지를 부여하고 브랜드 중심의 효율적인 마케팅 전략을 추진하는 일이었다. 따라서 자사의 제품을 아래와 같이 일반식품, 냉동식품, 커피, 기타식품 등 4가지로 구분하여 제품군별로 이미지 목표를 설정하고 신규 패밀리 브랜드를 도입해 포장을 새롭게 했다.

- 청정원(일반식품)
- 쿡앤조이(Cook&Joy, 냉동식품)
- 로즈버드(커피)
- 미원(기타식품)

이 가운데 청정원은 대상 브랜드의 이미지 구축 전략의 일부분이다. 청정원의 브랜드 개념은 정직과 신뢰를 바탕으로 본연의 맛과 참다운 제품으로 구성된 식품 패밀리 브랜드이다. 심벌은 찬란한 햇빛, 아름다운 산, 깨끗한 물, 푸른 녹음이 어우러진 우리의 자연이 빚어낸 맛이라는 이미지를 담으려고 노력했다. 그래서 청정원의 슬로건은 "신선한 맛의 세계로", "자연에 정성만을 더합니다"라고 표현했다.

이러한 청정원의 아이덴티티를 더욱 강화하기 위해 전 제품의 기능검사 정례화, 양질의 최상위 원료 사용, 생산관리 및 위생관리 철저 등을 기반으로 새로운 전략을 세웠다. 홍보에서도 다양한 활동을 전개했다. 사외는 물론이요 사내에도 청정원을 알리기 위해 주력했다. 새로운 브랜드가 나오면 전체 사원을 대상으로 사내 교육도 실시하고, E-메일을 통해 사내 홍보도 지속적으로 펼쳤으며, 홍보용 액자를 제작하여 전 사업장 및 영업부에 배포했다.

이와 같이 광고는 세상에 널리 알린다는 것을 의미한다. 요즘에는 아무리 좋은 제품을 생산했다 하더라도 광고의 힘을 빌리지 않고는 판매 촉진을 할 수 없는 시대가 되었다. 이는 복잡한 유통 경로와 제품, 판매 촉진 등 복잡한 마케팅 믹스에 그 원인이 있으며, 시장 정보에 의한 정확한 마케팅 리서치의 결과에 따라 광고의 표적과 대상, 장소, 매체의 활용 방법 등을 연구 검토한 후에 실행해야 한다.

광고를 하는 데는 TV나 라디오 등 전파에 의한 매체, 신문이나 잡지 등 인쇄에 의한 지상(紙上) 매체의 두 가지 방법이 있다.

라디오는 소리를 듣는 오디오의 기능으로 브랜드나 제품의 특성만 기억시키도록 해야 하며, TV는 보고 듣는 시각 전달이 강하므로 제품의 모양·색깔·성능 등을 화면을 통해 직접 전달할 수 있어 광고의 효과가 빠르고 정확하다. 현대의 젊은 층을 '감성 세대'라고 하는데, 이들은 TV를 보고 자란 세대여서 라디오 청취보다는 보고 느낌으로써 현시성을 느끼고 즉석에서 상품을 결정할 수 있는 시각 감각이 뛰어나다.

신문이나 잡지는 인쇄된 것이어서 반복해서 볼 수 있는 반복 기능과 보관 기능이라는 장점이 있다. 이밖에 야외용 벽보판, 고속도로 변의 야립간판(billboard), 운송 수단을 이용한 이동 광고판 등 다양한 방법과 기능을 가지고 있다.

디자인 하나가 기업을 살린다

수출 1천억 불 시대의 디자인 역할

지난 1995년, 시중의 일간지들은 하나같이 "수출 1,000억 불 돌파"라는 제목으로 일제히 헤드라인을 장식한 적이 있다. 우리나라가 세계 12번째의 수출국이 되기까지는 1977년에 100억 달러를 달성한 이래 18년 만이다. 주변국들과 비교해 보면 상당히 빠른 편이다. 수출 10억 달러에서 1,000억 달러 까지의 소요 기간을 보면, 타이완이 26년, 일본과 홍콩이 28년, 싱가포르 38년, 한국이 25년으로 이들 국가 중에 가장 빠르다. 전 연세대 총장은 "한국인은 무엇이든 빨리빨리 하는데, 이것 역시 인간의 역사 중 50년 동안 이렇게 발전한 나라는 세계적으로 드물다."고 극찬한 바도 있다.

1970년대는 수출 100억 불 시대로서 상품은 주로 경공업 제품들이었다. 당시 전자레인지는 우리나라가 세계 최대 생산국이자 수출국이었다. 한때 EU(유럽연합) 등 선진국의 반덤핑 공세로 주춤했으나 삼성전자의 영국 윈야드 공장, LG전자의 영국 뉴캐슬 공장 등 연이은 해외 공장의 준공으로 가전제품 가운데 가장 강력한 경쟁력을 지니게 되었다. 또 삼익악기와 영창악기가 만드는 한국산 피아노는 세계 피아노 3대 중 1대를 차지할 정도였다. 이 밖에도 미국 스포츠 모자를 양분하고 있는 유풍실업과 영안모자, 미국 오토바이 마니아 4명 중 한 명이 쓰고 있다는 홍진크라운의 헬멧, 한때 수출 2억 달러를 돌파하며 성가를 높였던 은성사의 낚싯대 등이 주요 수출품이었다. 이 시기는 2억 달러 수출회사는 수출탑은 물론이요 훈장도 수여받던 때였다.

이 시기에 아이디어 하나로 탄생한 모자 상품이 있는데, 아이를 따라 야외에 소풍 갔던 어머니가 바람에 모자가 날리는 불편을 겪게 되자 여기서 얻은 아이디어를 모자 컨셉으로 발전시킨 것이 상품으로 발전, 후일 미국 시장에서 대 히트한 효자 상품도 있다.

이처럼 당시의 상품들은 기술과 디자인이 상품을 주도하는 것이었다. 그리고 디자인은 사용하고 있던 제품을 개선하는 리디자인(redesign)으로 생활 가전제품 정도였다. 또한 세계시장에 수출도 했으나 외국 소비자에 대한 시장 적응력은 약한

편이었다.

각 나라마다 고유의 문화를 배경으로 한 이미지는 그 나라 상품에 반영된다. 즉, 상품은 그 나라의 문화를 담고 있다고 볼 수 있다.

일례로 미국 제품은 실용적이고 여유가 있을 뿐만 아니라 개척 정신과 같은 미국의 꿈을 연상하게 한다. 일본 제품은 아담하고 모양새가 좋으며 소비자의 구미에 맞고 나아가 비록 상업적이기는 하나 일본인의 친절함을 생각하게 한다. 프랑스 상품을 살 때는 사는 멋이나 사치품과 같은 인상을 가지며 때로는 개성, 자유 등 특유의 문화도 떠올린다. 프랑스의 기 소르망(Guy Sorman) 교수는 "한국 상품의 가장 큰 약점은 문화가 담겨 있지 않은 것이다."라고 지적한 바도 있다. 구매와 문화는 직결된다. 한국 상품은 값이 싸니까 산다는 경우가 대부분이었다. 그러면서 그는 한국 문화를 적극적으로 홍보해야 한다고 충고해 주었다.

1994년 8월 한국 대사관의 의뢰에 따라 이탈리아 최대 여론 조사 기관인 DOXA가 조사한 바에 따르면, 대상 인원 605명 중 42.1%가 한국 하면 아직도 6·25나 분단 국가를 우선적으로 연관시키고 있는 것으로 나타났다. 그뿐 아니라 유럽의 대다수 지식인들마저 최근의 한국을 수출 제일의 중상주의적 전략으로 경제 발전을 이룩한 나라 정도로 이해하고 있는 실정이다.

2003년 5월 국내 현대자동차의 영국 내 수입 총판사 렉스는 TV를 통해 한국의 기술 발전 자체에 대한 30초짜리 상업용 광고를 몇 차례 내보낸 적이 있는데, 이후 현대자동차의 판매량이 급속히 올랐다고 한다. 이로 미루어 상품 선전보다는 그 나라의 문화를 알게 될 때 그 상품에 대해 신뢰감을 갖게 된다.

또 한편으로 그 나라의 이미지는 그 나라의 특화상품과도 직접적으로 연결된다. 예를 들어 독일의 자동차, 스위스의 시계, 프랑스의 사치성 일용품, 영국의 은행과 보험 등은 이미 잘 알려진 것들이다. 또한 체코를 비롯하여 동유럽에까지 침투하고 있는 일본의 분재 산업은 일본 문화와 상품의 성가를 높여 주고 있다. 이런 점을 잘 인지하고 있는 일본은 자국의 다도 문화를 홍보하기 위해 유럽의 박람회장에 일본의 다도에 대한 교육에 열중하고 있었다. 이곳에 온 푸른 눈의 서양인이 그 복잡한 과정을 끝까지 지켜보고는 일본인 다도 선생에게 "차 한 잔 마시는 데 왜 이리 어렵게 해야 합니까?" 하고 질문을 던지자, "그것이 바로 일본인의 마음을 전하는 것입니다." 라고 답했다 한다.

프랑스의 산업디자이너 로제파티오 교수는 "한국 상품은 대체로 디자인에 특징이 없다. 그 때문에 국제시장에서 비슷한 품질의 유럽이나 미국, 일본 상품과 경쟁할 때 손해를 보는 경우가 많다."고 충고를 한 바도 있다. 그가 주장하는 좋은 디자인이란 단순하면서도 제품의 성격을 한눈에 알아볼 수 있는 것을 말한다. 예를 들어 일본의 소니 제품을 한 번 써 본 소비자들이 오래도록 기억하는 것은 태양을 상징하는 일본 국기의 단순성이라고 했다. 이와 같이 제품 디자인도 중요하지만 상표 디자인의 중요성도 강조했다.

독일의 푸마, 미국의 테일러메이드 등 세계 유명 스포츠용품을 디자인한 파티오 교수는 부산의 신발업체인 (주)우연을 방문한 자리에서 자전거용 특수화의 디자인에 대해 "한국 스포츠화의 디자인은 문양이 복잡해 오히려 혼란스럽다."고 지적하면서 제품 디자인의 단순화를 주문했다.

이상으로 볼 때 한국 상품의 디자인은 제품에 대한 확실한 컨셉이 없고, 한국적 특징이 없으며, 한국의 문화가 담겨 있지 않은 것으로 결론지을 수 있다.

색채 혁명이 일고 있다

자동차 하면 검정색 아니면 흰색이라고 할 만큼 흑백을 선호하던 현상이 바뀌기 시작했다. 이른바 컬러 마케팅(color marketing)이다. 컬러 마케팅은 감성세대에 알맞은 켄셉이다.

상품 개발 부분과 마케팅 전략 부분이 서로 조화를 이루면서 소비자의 마음을 움직일 수 있는 칼라 감각이 상품에 포함될 때보다 높은 차원의 마케팅이 전개될 수 있는 것이다.

현대자동차는 엑센트를 개발할 때 보디 색깔의 선택권을 20대 신세대 사원들에게 위임하고 사장을 포함한 40대 이상은 일체 선택 과정에서 제외시켰다. 이유는 톡톡 튀는 신세대의 색깔을 얻고자 함이었다. 역시 예견은 적중해 연보라, 적회색, 진보라, 연녹색이 뜻밖의 호조를 보였다. 기아자동차의 경우에도 아벨라는 자주색, 진분홍, 연한 붉은색이 주류를 이루었다. 대우자동차의 컬러 팀장도 녹색의 씨에로 인기가 뜻밖에 높아 케터베리 그린을 비롯한 녹색 계열 색상을 두 가지 더 개발해 소비자의 색상에 부응하겠다고 밝혔다.

이 시기에 (주)태평양은 섹시넘버1을 출시해 45일 만에 150만 개가 팔려 나갔다. 섹시넘버1이 탄생하기까지는 7개월이 걸렸다. 개발 주역인 한송희 씨는 우선 국내외 패션 전문지의 예측을 종합하고 소비자들을 대상으로 '봄' 이미지에 관한 설문조사를 했다. 감을 잡기 위해 일본 도쿄의 백화점, 압구정동 거리를 수차 답사했다. 5명의 개발팀은 철저한 보안 속에 복고풍의 섹시함을 테마로 정한 다음 수십 가지의 핑크 계열 색상과 보라색, 흰색 등을 섞어서 새로운 색상을 만들고 채도와 명도를 조절하는 작업에만 4개월이 걸렸다. 이렇게 탄생한 작품이 바로 섹시넘버1, 헵번 브론즈, 크림베베 등이다.

한때는 영화 「바람과 함께 사라지다」에 나오는 여주인공 이름을 딴 스칼렛 오렌지가 선풍적 인기를 몰고 온 적이 있었다. 이는 유행도 패러다임의 변화에 따라 바뀌고 있음을 의미하는 것이다.

한편 이 시기에 흑과 백으로만 사용했던 상표에도 색채의 명도와 채도까지 세분하여 인정, 상표 등록을 해 주는 제도로서 모양이 같을 경우 색채의 조화나 배열에서 이미 출원된 것과 확연한 차별성이 인정될 때만 등록이 가능하도록 한 상표 제도가 시행되었다. 한 예로 MBC의 상표처럼 색채상표는 색상의 순서 배열에 관한 것, 색채에 관한 디자인으로 한정하여 법으로 보호해 주는 것을 의미한다. 색채상표가 소비자의 구매 욕구를 자극하기 때문에 앞으로 상표 출원의 증가 추세가 예상된다.

CI 도입과 국내 기업의 이미지 변화

CI는 1950년대 미국에서 개발되어 1970년대 말 일본을 거쳐 우리나라에 도입되기 시작했다. CIP(Corporate Identity Program) 란, 기업의 시각 동일화 작업을 의미한다. 우리나라에 처음 도입된 것은 신세계백화점을 시작으로 제일모직, 쌍용그룹 등이다. 이후 1990년대 들어 LG, 삼성전자에 도입되면서 대기업들도 적극적으로 도입하기 시작, CI를 실시함으로써 기업의 이미지는 서서히 변하기 시작했다.

먼저 기업 내부적으로는 기업의 새로운 문화를 창출할 수 있고, 사원들의 소속감 의식 향상과 사기 증진, 사원 전체의 애사심과 단결심 향상, 신입 사원 채용 시 훌륭한 인재 확보 등을 들 수 있고, 조직 내의 커뮤니케이션 활성화에도 큰 도움이 되었다. 기업 외부적으로는 기업의 사회적 역할, 기업과 기업을 구성하는 종업원과의 공동 목표 인식, 기업의 비전 등을 내포하고 있다.

또한 CI 규정집 매뉴얼 작업으로 인해 기업 관리 시스템화는 물론이요 관리 비용도 절감할 수 있었다. 기업의 외부적인 효과로는 기업 이미지 차별화, 기업의 브랜드 가치 상승, 그리고 정체된 기업의 CI를 통해 광범위한 광고 효과를 얻을 수 있었다. 그뿐 아니라 기업의 신뢰감 상승으로 매출 증대는 말할 것도 없고 자본시장에서 기업의 가치를 높일 수 있었다.

우리나라의 CI 현황은 1970년대 말에 도입되어 1990년대까지 성행, 일종의 유행처럼 번져 중소기업에까지 확산되었다. 그러나 CI 도입은 회사에서 받아들일 수 있는 준비가 되어 있을 때 그 가치를 높일 수 있다. 즉, 제품의 기술력, 소비자의 기업에 대한 이미지가 형성되고 있을 때 추진하는 것이 효과적이고 바람직하다. 우리나라는 CI 도입으로 성공한 기업도 많은 반면에 경제적 손실만 초래한 기업도 있다. 문제는 기업 경영자의 CI에 대한 인식과 응용할 수 있는 능력에 있다.

CI 도입으로 성공한 ENEX

1971년 '오리표'라는 브랜드가 탄생하여 30년간 부엌 가구 시장을 점유해 왔다. 그러나 1980년대에 들어서면서 시장의 환경이 바뀌기 시작했다. 정부의 주택 보급 정책으로 인해 아파트 형태의 주거 공간이 대량 보급되고, 또 기술이 발전하여 기능적인 제품들이 속속 출현하면서 부엌 가구 시장이 크게 확대되었다. 이로 인하여 브랜드 지배력을 가지고 있던 오리표는 소비자들에게 큰 영향력을 발휘할 수 없어 새로 나온 한샘에게 시장 점유율 1위를 내주는 수모를 겪어야 했으며, 이

것이 CI를 도입하게 된 동기가 되었다. 더구나 경쟁사인 한샘은 CAD를 활용하는 제품 설계를 광고 컨셉으로 채택하여 소비자들에게 높은 호응을 얻고 있는 실정이었다. 때문에 오리표는 광고 전략 면에서나 판매 전략 면에서 경쟁사인 한샘을 따라잡을 수 없었다. 또 한편으로 소비자들은 오리표라는 브랜드 이미지를 첨단 또는 고급 이미지와는 거리가 먼 저급 이미지로 인식하게끔 되었다.

결과적으로 오리표는 브랜드 네임에서부터 새로운 이미지를 담는 작업에 착수, 1992년 2월에 오리표는 'ENEX'(에넥스)라는 새로운 회사명으로 갈아입고 ENEX라는 워드마크(word mark : 글자로만 이루어진 로고)를 제정하게 되었다.

ENEX는 영어의 더욱 강화시킨다는 의미의 접두사 'en', 오리표의 20년 전통과 경험을 의미하는 experience, 전문가를 의미하는 expert, 최고의 제품으로 최상의 서비스를 제공한다는 excellence가 합쳐진 합성어로서 "전통과 신용을 바탕으로 인간 행복을 추구하는 부엌가구 전문회사"라는 의미를 담고 있다.

에넥스와 한샘의 매출액 비교

(단위: 억 원)

회사/연도	1991년	1992년	1993년	1994년	1995년
에넥스	47,033	60,049	69,659	86,623	109,337
한 샘	85,525	107,882	122,059	127,940	145,733

자료 : 에넥스 기획실

앞의 표는 에넥스와 한샘의 같은 기간 매출액을 비교한 것으로, ENEX가 CI를 실시한 전후 기간 동안의 매출액은 상당한 변화가 있음을 알 수 있다. CI를 도입하기 전인 1992년보다 도입 후인 1995년에는 한샘과의 매출액 규모 차이가 줄어들었다. 또한 ENEX는 CI를 실시한 1992년 이후 3년 연속 신문사에서 실시한 히트 상품에 선정된 바도 있다.

그렇다면 ENEX가 CI 실시 후 크게 달라진 것은 무엇일까?

첫째는 위의 표에서도 알 수 있듯이 매출이 크게 향상되었다. 우선 CI 실시 이후 소비자의 계층이 20대에서부터 40대 초반까지의 젊은 층으로 선호도가 높아진 것이다. 이는 역사성을 가진 회사의 이미지에서 첨단 부엌가구 전문 생산업체이며 세련되고 감각적인 제품 회사로 변신했음을 소비자에게 인식시킨 결과이다.

둘째는 제품의 차별화에 성공한 것이다. 이는 이탈리아에서 도입한 도장라인을 이용하여 부엌 가구의 색채 혁명을 주도하는 와인레드나 샙그린(암록색) 계열의 대담한 색상을 도입, 과거 나이든 주부들의 고객에서 젊은 연령대로 소비층을 이동하여 제품이 젊어진 것이다. 또한 첨단, 고급, 세련됨이라는 이미지로 기업을 알리는 데 성공한 것이다.

세 번째는 과감한 광고 전략 실행이다. 1단계는 프리런칭(pre-launching) 단계, 즉 오리표가 변신할 것을 예고하여 소비자들의 관심을 집중시키고 새롭게 탄생하는 브랜드가 오리표와 연장선상에 있음을 고지하는 일이었다. 2단계는 본격적인 런칭(launching) 단계, 오리표의 새로운 이름이 ENEX이며 기존 오리표와는 차별적으로 첨단 부엌 가구를 지향하고 있음을 광고하여 오리표의 진부했던 이미지를 일소한다는 목표를 표현 전략으로 실행한 것이다. 3단계는 팔로업(follow-up) 단계, 브랜드 이미지가 바뀐 후 ENEX의 성격을 부여하고 이를 통해 ENEX에 대한 첨단, 고급, 세련된 이미지가 정착될 수 있도록 한 것이다.

네 번째는 부실한 대리점을 정리하고 대리점을 대형화하고, 신규 대리점 개설과 실내 인테리어의 고급화, 조명 간판 도입, 각종 선전물들의 이미지 통합, 매장 내 고가품 전시 등 변화를 가져 새로운 기업 이미지에 걸맞은 첨단·과학적인 세련된 이미지로 변신한 것이다(이상민, 「CI 도입이 기업 이미지와 소비자 태도 변화에 미치는 영향에 관한 사례연구」 참조).

제품에 우리 문화를 담자

우리 제품이 해외에서 성공하기 위해서는 제품에 우리의 문화를 담는 것이 필요하다. 프랑스의 소르망 교수가 "한국 제품에는 문화가 담겨져 있지 않다."라고 지적했듯이 우리의 것을 담는 디자인 문화가 필요하다.

제품 디자인에 문화적 요소를 반영하는 과정에 우리 제품만의 고유한 특징으로 고유의 디자인 언어도 생각할 수 있다.

우리만의 개성, 우리만의 가치, 우리만의 색깔을 요점으로 하되 세계 속의 한국 이미지를 어떻게 표현하면 좋을까에 대한 지속적인 연구가 필요하다.

노키아사(社)의 사례가 좋은 예가 될 수 있다. 이 회사는 150여 명이 넘는 규모의 R&D센터(연구개발센터)를 중국 현지에 두고 중국 문화 및 한자의 독특한 점을 이해하고 이를 제품 디자인에 반영하고자 노력했다. 이 과정에서 기존의 모델을 중국 시장에 맞게 개량하여 출시했다. 새로운 개량 모델은 기존 모델의 디자인상 장점을 유지하면서도 동양 고유의 문화인 음양을 기초로 한 색상으로 구성되었으며, 한자 입력의 편의성을 더하고 12지신 카드 기능을 삽입하는 등 현지화에 성공하여 좋은 평가를 받았다. 이렇듯 젊은 소비자들이 가장 중요시하는 제품 선택 기준이 품질이나 가격이 아닌 디자인이라는 연구 결과가 나온 지도 이미 오래전 일이다.

덴마크의 세계적인 미래학자 롤프 옌센(Rolf Jensen)은 그의 저서 『드림 소사이어티』에서 21세기는 꿈과 감성을 파는 시대가 될 것이라고 기술하고 있다. 이제 소비자가 원하는 것은 정보나 품질이 아니라 '꿈과 감성'이며 이것은 바로 문화 상품이다. 오늘날 세계는 150개국, 3천여 종족이 살고 있지만 더 이상 국가 간의 장벽은 무의미하다. 세계는 단일 시장을 형성하여 우위를 선점한 문화 상품에 힘입어 그 나라의 문화와 풍습이 지구촌 사람들의 단일화된 행동 양식과 가치관에 영향을 끼치고 있다.

문화적 측면에서 문화 산업의 육성은 한층 더 중요한 의미를 갖는다. 문화 산업의 결과물인 문화 상품은 생산 국가의 가치관, 사고방식, 생활양식 등 문화를 상품화한 것이기에 수요자의 지속적인 창출을 가능케 한다. 그리고 문화 상품이 가지는 파급 효과의 범위와 정도가 크다는 점에서 문화 정체성(cultural Identity)의 문제를 야기한다. 또한 문화가 바탕이 된 문화 상품은 생산국의 국가 이미지를 창출, 그 나라의 일반 공산품을 비롯하여 국가 전체의 경쟁력 제고와 직결된다.

특히 문화 상품이 지니는 이데올로기적 성격은 특정 국가의 이데올로기를 전파하고 합리화하는 기능도 할 수 있다는 점에서 주목할 필요가 있다.

그렇다면 우리의 문화와 상품에 관련된 것은 어떤 것들이 있을까?

먼저 청·적·황·백·흑색의 다섯 가지를 의미하는 오방색이 있다. 이는 사람의 체질과 성격을 판단하는 방법으로도 개발되고 있으며, 건강과 관련된 음식들도 이 색에 근거를 두고 있다.

둘째는 전통 춤에 관한 것으로 궁중의 축제에 관한 화관무, 태평성시를 의미하는 태평무, 죽은 자의 한을 달래는 살풀이 춤, 불교와 관련된 승무 등 다양한 우리의 춤이 있다.

셋째는 궁중음악의 악기를 비롯하여 사물놀이의 꽹과리·장구·북 등 다양한 악기가 있다.

넷째는 동편제나 서편제에 관련된 우리의 소리와 가락이 있다. 이들은 모두 세계 어느 나라의 것들과도 비교할 수 없는 우리 고유의 색깔이고 문화유산이다.

쌈지의 문화 마케팅

"가장 자기다운 것이 가장 세계적인 것이다."라는 말도 있듯이 쌈지는 가장 한국적인 디자인 상품으로 유명하다.

이탈리아에 세계적인 색채의 브랜드 베네통이 있다면, 우리에게는 쌈지 브랜드가 있다. 그만큼 쌈지는 한국적인 칼라를 잘 표현해 주고 있는 기업으로 평가할 수 있다. 1999년, 2001년에 디자인 경영부문 우수상을 두 차례나 수상한 한국적인 문화 디자인에 연구를 집중하고 있는 기업이다.

요즘 패션 업계에 '아트 마케팅'이란 새로운 용어가 유행하고 있다. 의류와 아트를 결합한 것으로, 쌈지는 이를 주도하는 업체로 문화적 디자인 경영을 선도하는 기업이다. 쌈지는 가난하지만 발전 가능성이 높은 작가들에게 작업실을 제공하고 그들의 작품을 아이디어 상품으로 만들어 디자인에 적용, 자사 이미지 상품으로 만들어 판매하는 아트 마케팅을 전개해 오고 있다. 쌈지의 상품이 지극히 평범해 보이면서도 남다른 것은 예술가의 향기가 은근히 배어 있기 때문이다. 쌈지의 매장에는 사람 혀 모양의 굽이 달린 신발, 반짝이는 물고기 비늘 같은 것이 달린 가방, 신라시대 왕관을 연상케 하는 액세서리 등 어떤 패션 브랜드에서도 발견할 수 없는 디자인으로 가득 차 있다. 아트 문화에 기반을 둔 이벤트 사업, 예술가의 정신에서 얻은 아이디어 제품, 그리고 자사 디자이너들의 자유롭고 특이한 분위기에서 항상 톡톡 튀는 새로운 아이디어 제품을 시장에 내놓고 있다. 이를 바탕으로 1999년에 굿디자인 상품으로 선정되는 등 그 우수성을 인정받고 있다.

레더데코를 비롯한 여섯 개의 쌈지 브랜드들은 서로 차별화된 컨셉을 가지고 각각의 포지션에서 소비자들의 인기를 얻고 있다. 현재 국내는 물론 일본을 비롯하여 동남아 지역과 미국 등 현지 소매상을 중심으로 진출해 있으며, 이스라엘의 경우 현지 패션 업체가 수입을 하고 있다. 특히 '딸기'라는 캐릭터 브랜드는 동남아 시장에서 호평을 받고 있는데, 지갑·핸드백·팬시용품·문구류 등 딸기 브랜드의 해외 주문이 계속 늘어가는 추세에 있다.

지난 IMF 때도 공격적인 아트 마케팅의 방법으로 애국심을 호소하는 내용의 컨셉으로 국내 광고를 계속한 결과 매출이 꾸준히 늘었다고 한다. 쌈지는 루이비통, 구찌 등 해외 명품과 함께 패션 잡화 시장에서 니마, 로만손, 휠라 등 고급 브랜드를 계속 출시하여 국내 패션 잡화 브랜드의 고급화를 선언하고 있다.

쌈지에 있어서 예술은 사회 문화의 발전에 밑거름이 되기도 하고, 곧바로 상품 디자인에 영감을 제공하는 원천이 되며, 그것 자체가 하나의 상품이 되기도 한다. 이렇게 가난한 예술가들과의 끊임없는 교류는 독특한 쌈지 디자인의 기반이 되고, 동시에 소비자들에게는 예술을 소개하고 더 가까이 다가

설 수 있게 한다. 쌈지는 이러한 아트 마케팅을 통해 문화 예술과 고객과의 끊임없는 커뮤니케이션 기회를 제공하고 있다.

이러한 교감의 기회는 쌈지가 지원하는 다양한 아트 프로그램이나 이벤트를 통해 이루어지고, 고객과의 공감대를 형성하고, 그 속에서 또 하나의 문화가 생성되는 순환 고리를 만들기도 한다. 쌈지는 오너인 사장에서부터 모든 스태프, 디자이너들의 협동으로 디자인 경영이 이루어지고 있는 독특한 회사로 널리 알려져 있다.

수출 2천억 불 시대의 디자인 역할

지금까지 산업디자인의 대상은 하드웨어적이고 물질적인 가시적 제품에 국한되어 왔으며, 디자인의 내용도 흔히 외형적이고 표면적 수준에만 머무른 것이 사실이다. 그 원인은 경공업과 중공업 초기에 지나지 않는 제품들이 대부분이어서 혁신적 디자인의 필요성을 찾지 못했기 때문이다. 그러나 지금은 중화학공업 후기를 거쳐 반도체·정보화 디지털 시대에 접어들었다. 이와 같이 디지털로 대변되는 환경의 변화에 따라 디자인의 주체에도 변화가 생겼다.

정보화 시대의 도래는 디자이너와 소비자 사이의 시간적·공간적 장벽을 낮추는 역할을 했다. 특히 인터넷과 사이버의 등장으로 제품의 유통과 판매 방법이 달라졌고, 광고·영화·인쇄·문화의 환경에 큰 변화를 가져왔다. 이것은 하나의 변화라

기보다는 디자인 혁명(design revolution)이라고 보아야 할 것이다. 3차원의 컴퓨터그래픽 디자인과 멀티미디어 디자인의 활용은 가상공간에서 환상적인 영상을 자유자재로 만들어 낼 수 있게 되었다.

또한 이 시대의 인터넷과 디지털의 급속한 발전은 모든 제품을 글로벌화한 디자인으로 발전하게 했다. 즉, 반도체, 자동차, 핸드폰, PDP와 같이 디자인의 컨셉이 세계인을 무대로 한 글로벌 디자인으로 바뀌지 않으면 안 되게 되었다. 그러므로 기업들은 해외에 현지 디자인 연구소를 설립하여 현지인들의 기호에 맞는 디자인 개발에 집중하기에 이르렀다.

그 한 예로 현대는 미국 캘리포니아에 디자인 연구소를 설립하여 서양인과 동양인의 기호에 맞는 디자인을 개발하고 있다. 이것이 현대의 스포츠카 티뷰론이 탄생하게 된 동기이다. 그 밖에도 삼성, LG를 비롯하여 많은 기업들도 해외 디자인 연구소를 설립하여 지금까지 운영해 오고 있다.

1990년대 한국의 산업디자인 기술 수준은 선진국인 유럽·미국·일본에 비해 40-50% 수준에 불과했고, 우리의 경쟁국인 대만·홍콩·싱가포르에 비하면 70-80% 수준이었던 것이 2000년 들어서는 비약적인 발전으로 세계시장에서 기술과 디자인에서 인정받는 제품이 속속 튀어나오고 있다.

일례로 현대자동차의 뉴EF 쏘나타와 싼타페가 미국에서 기술 수준이나 디자인 면에서 상위로 평가받는 것을 볼 수 있다. 2003년 하반기 IDS(초기품질조사) 조사에서 13위를 차지, 처음으로 업계 평균을 뛰어넘어 상위권에 진입한 것이다. 이에 대해 뉴욕타임스, LA타임스, USA투데이 등 외신들도 현대차의 약진을 대서특필한 바도 있다.

또한 삼성의 애니콜은 미국의 모토롤라에 이어 핀란드의 노키아 제품과도 세계 1위 경쟁을 벌이고 있다. 유럽 시장에서 삼성의 애니콜은 기술과 디자인 면에서 노키아보다도 우위의 평가를 받고 있다. 세계 100대 기업의 브랜드 파워를 평가하고 있는 미국의 인터브랜드사는 2004년에 삼성을 21위로 평가하면서 선정 이유를 공격적인 마케팅과 혁신적인 디자인 컨셉이라고 설명하고 있다.

세계 톱 브랜드 순위

(단위 : 억 달러)

순위	브랜드	브랜드 가치
1	코카콜라(미)	673.94
2	마이크로소프트(미)	613.72
3	IBM(미)	537.91
4	GE(미)	441.11
5	인텔(미)	334.99
6	디즈니(미)	271.13
7	맥도날드(미)	250.01
8	노키아(핀)	240.41
9	도요타(일)	226.73
10	말보로(미)	221.28
19	포드(미)	144.75
20	소니(일)	127.59
21	삼성전자(한)	125.53

22	펩시(미)	120.66
39	지멘스(독)	74.70
43	애플(미)	68.71

(2004년 7월, 자료 : 한국경제신문)

그러면 앞으로 디자인은 어떻게 전개되어야 할까?

이제는 정보와 지식산업 시대에 맞게 기존의 물질적 영역을 초월하는 비물질 소프트웨어로, 비가시적 가치 등이 사회의 주요 가치로 등장하는 시대에 맞게, 획일적인 개념을 탈피한 하드웨어적인, 세계인의 삶의 가치를 위한, 직접적 인간의 생활을 위한, 그리고 조화로운 창조와 새로운 비전을 제시할 수 있는 미래의 새로운 개념이라고 말할 수 있다.

세계시장을 주름잡는 애니콜

삼성의 이건희 회장은 1987년 취임 이래 줄곧 변화와 개혁을 주문해 왔다. 1993년 6월, 이건희 삼성그룹 회장은 일본의 도쿄 오쿠라 호텔에서 자신이 직접 주재한 기술개발 대책회의에서 1988년에 스카우트한 삼성전자 디자인 고문인 후쿠다 사게모에게서 한 통의 보고서를 받았다. 삼성전자의 문제점을 담은 「경영과 디자인」이라는 후쿠다 보고서를 이 회장은 프랑크푸르트로 가는 기내에서 몇 번이고 정독했다. 이어 이 회장은 이사회에서 질의 경영으로 대변되는 '삼성 신경영'을 선포하게 된다.

이후 이 회장은 후쿠다 보고서에 감명받아 삼성의 디자인 경영을 시작하게 된다. 그러면서 이 회장은 프랑크푸르트를 포함해 LA, 오사카, 후쿠오카, 도쿄, 런던, 스위스 등지에서 10여 차례 1,800여 명의 임원을 불러 총 500시간 동안 회의를 주재했다. 그는 왜 이렇게 많은 시간을 해외에서 회의를 주재했을까? 예를 들어 독일의 라인 강 주변이라면 삼성의 모든 임원이 라인 강의 기적을 가슴에 새기도록 하기 위해서였다.

1996년 삼성은 산업디자인 인력을 육성하기 위해 외국인 교수 다섯 명을 채용해 IDS(Innovative Design Lab of Samsung : 삼성 디자인연구소)를 설립했다. 이는 신경영에 따른 디자인 개발을 위한 새로운 방향을 찾기 위해서일 것이다.

2001년 8월 이 회장은 브랜드 경쟁력이라는 프로그램에 몰입하다가 삼성전자 디자인 담당상무인 후쿠다 고문과의 회의에서 삼성전자의 디자이너를 육성하기 위해 이탈리아의 베네통에서 운영하는 파브리카(Fabrica)라는 연수 프로그램을 기획하게 되었다. 이것이 삼성 디자인 개혁의 서곡이 된 셈이다. 이처럼 이 회장은 다른 기업인과는 달리 기업 경영을 디자인에서부터 풀려는 강한 의지를 보였다. 이 회장이 와세다대학 상경학부 출신이면서도 전자제품을 해체한 후 역조립할 수 있을 만큼 전자공학에 대한 전문성을 갖고 있다는 사실도 주목할만한 대목이다. 기업 경영인으로서 경영, 전자공학, 산업디자인에 이르기까지 두루 섭렵할 수 있는 능력도 국내 다른 기업과는 비교할 만한 것으로 평가하고 싶다.

일반적으로 경영자들은 디자인에 대한 상식과 이론을 갖지 않고 디자인 개발이나 디자인 작업에 관여하는 경우가 많은데, 그것은 큰 위험성을 내포하고 있고 회사에도 큰 손실을 가져올 수 있다. 왜냐하면 최고 경영자가 디자인을 혼자서 선택해서 주장한다면 그것에 이유를 달 디자이너는 아무도 없을 것이기 때문이다. 특히 제품 디자인의 결정은 바로 생산으로 이어지고 또 매출로 연결되기 때문이다. 이처럼 디자이너와 경영자 간에는 디자인에 대한 깊이 있는 전문성을 가지고 커뮤니케이션이 이루어져야 한다.

삼성이 성공할 수 있었던 과정에는 7·4제(7시에 출근, 4시에 퇴근하는 제도)의 깨어 있는 아침, 즉 아침 출근을 1시간 30분 앞당겨 잠에서 덜 깬 삼성 직원들에게 정신적 각성을 갖게 한 것도 그러하거니와, '삼성 신경영'에 담긴 내용을 홍보하기 위해 이를 만화책으로 만들게 한 아이디어는 학창 시절 커뮤니케이션을 공부했던 이 회장 자신의 경험과도 큰 관계가 있는 것으로 보인다.

이 당시 이 회장은 삼성의 이미지에 관한 아이덴티티를 이야기하던 중 TV와 오디오의 리모컨 통합 아이디어, 핸드폰의 버튼에 관한 이 회장의 번뜩이는 아이디어는 훗날 전 세계적으로 디자인의 스탠더드 모델이 될 정도로 획기적인 사항들이다. 필자가 이 부분에서 강조하고 싶은 것은 디자인 경영을 위해서는 경영자와 임원들에 대한 디자인 교육이 우선해야 한다는 점이다.

500억 태운 다자인 혁신

앞서 언급한 바와 같이 미국의 세계적 브랜드 컨설팅 회사인 인터브랜드는 100대 브랜드 파워 기업을 선정하는 과정에서 삼성에 대한 평가를 공격적 마케팅과 디자인 혁신으로 꼽았다. 이 회사는 삼성의 브랜드 가치를 108억 달러로 평가하면서 지난 2002년에 비해 31% 향상되었다고 밝혔다.

삼성 스스로도 브랜드 가치 급상승의 일등 공신은 디자인 부문이라고 평가하고 있다. 일본이 40인치짜리 PDP를 개발해 놓고 숨을 돌리는 동안 삼성은 80인치 PDP를 개발하고 있던 것이다. 미국 전자 전시장에서 삼성의 PDP를 본 미국인들은 크기와 화질에 벌린 입을 다물지 못했다. 삼성의 80인치짜리 공략은 기술 선도는 물론, 80인치 생산라인을 개발해 1/4로 자르면 같은 생산라인에서 40인치 PDP 4장을 얻는다는 계산이 깔린 전략이었다. 반도체 산업은 시간 산업이라고 한다. 그래서 한 번 기회를 놓치면 엄청난 손실을 보게 되고 이를 만회하려면 엄청난 시간이 필요하다는 게 이 회장의 경영 철학이다.

이는 삼성전자의 모든 전략이 공격적임을 엿볼 수 있는 대목이다. 삼성은 기업 설립 이후 1990년대가 그 어느 시기보다 디자인의 발전 속도가 빨랐다고 평가하고 있다. 일본 기업이 20~30년에 걸쳐 이룬 것을 불과 10년 만에 달성한 셈인데, 이는 삼성전자 디자이너들의 노력과 헌신이 밑거름이 되었음을 의미하는 것이다. 그리고 그 배경에는 1996년에 설립한

IDS와 후쿠다 고문의 역할이 컸을 것으로 보고 있다.

1990년에 삼성이 무선전화기를 개발한 이후 소비자의 불평만 거세지고 판매 호조를 보지 못하자 이 회장은 중대한 결심을 하게 된다. 500억 원어치의 무선전화기를 불사르는 계획이었다. 이 사건은 삼성의 모든 임직원들에게 새로운 각오를 다지게 하고 신경영에 헌신적으로 동참하게 하는 하나의 촉진제가 되었다. 특히 디자인 부분에서는 더욱 혁신적인 방향으로 전략을 이끌어 갈 수 있는 하나의 전환점이 되었다고 할 수 있다.

쉼 없는 디자인 컨셉으로 이룬 애니콜 신화

애니콜이 시장을 석권하게 된 배경에는 새로운 디자인 컨셉이 있었다. 쉼 없는 디자인 컨셉으로 애니콜 신화를 이루어낸 것이다. 삼성전자의 급성장은 한 가지 히트 상품에 만족하지 않고 시시각각 변하는 고객의 구미에 맞춰 워치폰, TV폰, 듀얼 스크린폰 등 새로운 개념의 제품을 발 빠르게 개발한 데서 기인된 것이다.

2002년 우수 디자인으로 선정된 SGH-T100 모델의 경우 인체의 부드러움과 우주의 신비라는 컨셉으로 호평을 받았고, 유럽에 선보인 SGH-E700 모델은 안테나 없는 최신 디자인의 카메라폰으로 '휴대폰의 벤츠'라 불리며 인기몰이를 하고 있다. 애니콜 SPH-A600 모델은 2003년 뉴스위크지가 선정한 '미국인이 갖고 싶어 하는 크리스마스 선물 1위'로 꼽히기도 했다. 프랑스에서는 급류에 휩쓸린 자동차에 타고 있던 한 시민이 삼성 애니콜을 통해 구조 요청을 해 살아난 사례도 있다.

2004년 러시아 휴대폰 시장에서 삼성은 노키아와 모토롤라를 제치고 매출 1위에 올랐다. 가치혁신 이론의 창시자인 프랑스 인시아드(INSEAD) 경영대학원 김위찬 교수는 최근 사우스차이나 모닝포스트 기고문을 통해 "삼성전자는 부드럽고 둥근 디자인, 넓은 화면, 멋진 컬러 디스플레이, 실제 악기 소리처럼 들리는 벨소리 등 감성적 요소에 어필해 성공했다."고 분석했다.

가치혁신론을 현장에 도입해 성공한 사례가 '이건희 폰'으로 불리는 조약돌 모양의 휴대폰(SCH-T100)이다. 단일 모델로 1,000만 대가 팔린 이 제품은 기획 단계에서부터 철저하게 가치혁신론을 활용한 제품이다. 당시 업계의 화두는 휴대폰 소형화 경쟁이었으나 삼성은 가치혁신 사고를 통해 이런 통념을 깨고 휴대폰이 작으면 화면도 줄게 되어 버튼을 누르는 데 어려움이 있을 것으로 판단, 오히려 반대로 '와이드 & 슬림(wide & slim)'이라는 개념을 채택했다. 이처럼 삼성은 기술 면에서나 디자인 면에서 시장을 따라가는 것이 아니라 삼성의 판단으로 공격적인 마케팅을 전개하고 있다.

세계 초일류에 도전하는 삼성전자

삼성전자는 2004년 1분기 영업이익이 4조 원을 기록했다.

놀라운 수준이다. 국내 기업으로는 물론 처음 있는 일이요, 세계적으로도 4조 원대의 분기 영업이익을 기록한 기업은 미국의 GE, MS 등 극소수에 불과하다. 삼성전자의 이런 실적은 수익의 3대 축이라고 할 반도체, LCD, 휴대폰 등이 주도했다고 할 수 있다. 이 중 휴대폰은 26%를 점하고 있다. 이런 상황으로 인해 세계 휴대폰 시장에는 태풍이 거세게 몰아치고 있다. 세계 최대의 휴대폰 메이커로 군림해 온 노키아는 수년째 시장 점유율이 정체되어 있는 반면, 삼성전자는 최근 수년간 해마다 2%씩 점유율을 높여 왔으며 지난해는 세계 2위인 모토롤라를 매출에서 완전히 따돌렸다.

가트너 그룹의 애널리스트 벤우드는 "노키아는 더 이상 최고의 브랜드가 아닐 수도 있다."고 지적했다. 파이낸셜타임스는 "삼성전자가 약진하면서 노키아와 모토롤라가 심각한 위협을 받고 있다."며 "삼성의 강점은 수요자 기호 변화에 대처해 첨단 고부가 가치의 휴대폰을 발 빠르게 쏟아 내는 점"이라고 진단했다.

삼성전자의 이러한 가파른 상승세는 계속될 것으로 보인다. 이유는 삼성전자가 카메라폰과 고급 휴대폰으로 시장을 독주하고 있기 때문이다.

파이낸셜타임스는 "노키아가 삼성의 추격을 따돌리기 위한 방법은 디자인"이라고 말하고 있다. 노키아는 휴대폰에 패션 개념을 도입해 모토롤라를 따돌렸지만 최근에는 화려한 외관에 너무 치중하고 있는 것 같다며 "이에 비해 삼성은 카메라와

통신, 디지털 기술을 디자인과 접목시키는 실용적인 접근을 하고 있다."고 분석했다. 이에 관해 삼성 관계자는 "최근 유럽에서 올린 성과는 1990년대 중반 국내시장에서 달성한 애니콜 신화와 다를 바 없다."며 "젊은이들이 요구하는 기능을 최대한 살리면서 심플하고 현대적인 디자인을 부각시키는 전략이 적중했다."고 말했다.

또한 미국의 컨설팅업체인 쇼스텍 그룹은 지난해 삼성전자, 노키아, 모토롤라를 비교한 흥미로운 보고서를 발표한 바 있다. 이 회사는 휴대폰 성공 요인으로 제품 혁신 및 디자인, 가격 경쟁력, 사업자·유통망 지원 등 세 가지를 꼽고 이를 기준으로 세 업체를 비교했는데, 삼성전자의 강점으로 제품 혁신과 디자인을 꼽았다. 이처럼 한국 업체가 제품 혁신에 앞서는 것은 국내시장의 특성과 관계가 있다. 한국 소비자들의 휴대폰 교체 주기는 약 1년 6개월, 다른 나라의 절반도 안 된다. 게다가 첨단 기능에 대한 관심이 커 고기능 휴대폰의 보급 속도가 빠르다. 이런 연유로 한국은 '세계 최고의 휴대폰 테스트 베드(시험장)'란 말을 듣고 있다.

그렇다면 삼성 디자인의 강점은 무엇일까?

삼성의 제품 계획 프로세스는 다음과 같은 단계를 거쳐 진행된다. 삼성은 휴대폰 개발 시 상품화 기획 단계와 개발 단계로 구분해 절차를 진행한다. 초기에 하드웨어, 소프트웨어, 마케팅 구매 부품 개발, 상품 기획 등 각 분야의 담당자들이 함께 팀을 구성한다. 이들은 상품 구상, 정보 분석, 정보 변환,

소비자 니즈(needs) 체계화, 포지셔닝(positioning : 목표 고객층 선정), 컨셉 설계, 컨셉 검증, 컨셉 확정 등의 절차를 거쳐 상품화 기획을 마련한다. 이 가운데 일부 단계는 수원사업장의 VIP(가치혁신프로그램)센터와 함께 진행한다.

조약돌 모양의 SGH-T100 휴대폰 개발 과정을 예로 들어보면, 먼저 상품 구상 단계에서 고화질 컬러폰을 개발한다는 개념을 세운다. 이를 위해 액정 화면에 대한 각종 정보를 모아서 분석·변환한 뒤 소비자의 니즈를 파악하고, 어떤 계층을 주 타깃으로 할지 정하는 절차를 거친다. 이어 TFT-LCD를 휴대폰에 적용한다는 컨셉을 정해 문제가 없는지 검증한 후 신제품 개념을 확정한다. 이 같은 기획 단계가 끝나면 본격적으로 제품 개발에 착수한다. 제품을 분석하고 기술 혁신 전략을 수립한 뒤, 다양한 아이디어를 제시해 제품 개발에 적용하면서 그 결과를 종합 정리하여 최종 의사 결정을 한 후 양산에 들어간다.

휴대폰 기획을 담당하고 있는 삼성전자 김행우 상무는 "디지털 기기가 융·복합화하면서 휴대폰 시장에서는 혁신이 가장 큰 화두가 되었다."고 말하고 있다.

삼성은 시장을 따라가는 개념인 마켓드리븐(market-driven : 시장 지향)을 넘어 시장을 적극적으로 만들어 내는 마켓드라이빙(marketdriving : 시장 주도)을 중요시한다는 것으로, 이는 삼성이 노키아를 따라잡을 수 있는 중요한 컨셉이 된다는 것을 알 수 있다.

세계적 문화상품으로 성공한 스타벅스

스타벅스의 도입 배경

이 시대를 가리켜 이미지 전쟁시대, 브랜드 전쟁시대라고 말한다. 신세대와 구세대의 갭이 점점 더 벌어져 가는 시기에 확실하게 차별화시킨 브랜드가 있다. 바로 스타벅스이다.

스타벅스는 상표의 상징까지 여성으로 만들 만큼 핵심 고객의 70%가 20~30대의 젊은 여성들이다. 때문에 젊은 여성들을 유도하기 위한 마케팅 활동을 적극적으로 펼치고 있다. 서울의 강남역이나 삼성역에 있는 스타벅스 매장은 항상 젊은 여성들로 붐빈다. 이처럼 주 고객은 젊은 여성들이고 서비스는 젊은 남자 직원들이 한다.

스타벅스의 커피숍을 현재와 같은 모습으로 디자인한 미국의 하워드 슐츠 회장은 당시를 이렇게 회고하고 있다.

"커피를 즐기는 사람들이 꼭 집에서 원두커피를 직접 갈고 추출해서 마실 필요는 없다. 이탈리아에서처럼 커피의 신비로움과 로맨스를 커피바에서 연인과 함께 느낄 수 있도록 하면 좋겠다. 그러면 스타벅스와 고객 사이에 강력한 유대 관계가 형성될 것이다. 이런 사실을 깨달은 건 마치 나에게는 신의 계시와도 같은 일이었다. 그 순간 너무도 흥분되고 눈에 확연히 보이는 일이었기에 나는 부르르 떨 정도로 가슴이 벅차올랐다."(김영한 외, 『스타벅스 감성마케팅』 중에서.)

슐츠 회장은 이런 아이디어 컨셉으로 감성세대들에게 접근하는 마케팅을 펼쳐 그들의 생활 속으로 깊숙이 파고들었다. 지금까지 팔았던 그런 커피가 아닌 고급 원료를 사용하는 카푸치노와 같은 커피를 누가 어떤 환경에서 즐길 것인가와 같은 구체적인 생각을 하면서 커피의 품질, 점포의 디자인, 서비스의 방법 등 여느 매장과는 다른 차별화한 디자인 계획을 세우게 되었다. 이처럼 기존의 제품에 감성을 넣어 고객들을 잡고자 하는 비즈니스가 바로 스타벅스의 이미지 전략이다.

디자인 이미지의 차별화

스타벅스 브랜드를 한국에 도입한 것은 시의적절한 판단이었으며 한국인의 기호나 문화의 성격에 잘 맞는 것으로 여겨진다. 옛날에는 커피를 마시러 다방에 갔지만 지금의 신세대는 그렇지 않다. 분위기를 마시며 '생활의 쉼표'를 즐기러 간다. 이것이 스타벅스가 노리는 컨셉의 요점이다.

스타벅스의 로고는 멜빌의 소설『모비딕』에 등장하는 커피 무역선의 일등 항해사 이름에서 따온 것이다. 바다 사나이 스타벅스라는 이름과 인어가 조화를 이루는 녹색 로고는 무역선으로 운반된 최고의 커피임을 상징하는 심벌이기도 하다. 스타벅스는 매장의 위치를 결정할 때 수익뿐 아니라 이미지 관리를 위해 그 지역의 랜드마크(landmark : 경계표)가 될 수 있는지를 꼼꼼히 따져보고 정한다. 주로 지하철역 근처와 같이 찾아오기 편리한 곳으로 정한다.

스타벅스의 매장 디자인은 본사에서 직접 한다. 스타벅스는 미국 본사 직원 2,000명 가운데 인테리어 부서 인력만 200명이나 될 정도로 디자인 분야에 많은 노력을 기울이고 있다. 디자인은 각 도시의 특정한 이미지를 먼저 연구한 후에 해당 도시에 적합한 디자인을 만든다.

인테리어와 소품은 대부분 커피와 관련된 것으로 꾸미고 있다. 또한 상점 내부에는 커피블렌더를 포함하여 머그잔, 텀블러 등 커피 관련 용품과 로고가 새겨진 다양한 상품들을 전시 판매도 하고 있다. 이와 같이 스타벅스는 고객이 매장을 확실하게 기억할 수 있는 매장의 전체적인 분위기를 일관성 있게 처리하고 있다.

디자인 경영의 차별화

1. 스타벅스는 생활의 쉼표다

분위기 있는 제3의 장소로 한국인들에게 단순한 차 한 잔이 아닌, 지친 일상에 잠시 쉬어 갈 수 있는 그런 커피숍을 만들었다. 사람들이 집이나 직장이 아닌 제3의 편안한 장소에서 조용히 음악을 들으면서 사랑하는 연인 또는 마음이 통하는 친구와 정겨운 이야기를 나눌 수 있다면 아마 그곳은 분명 좋은 장소로 오래도록 기억에 남을 것이다.

그래서 스타벅스는 사람들이 일상의 지루함을 털고 10분이라도 편하게 휴식 시간을 갖도록 배려했으며, 신세대의 취향에 맞게 로맨스를 만드는 곳, 케냐나 코스타리카의 현지 커피를 마실 수 있는 곳, 행복한 만남을 가질 수 있는 곳으로 만들었다.

2. 맛으로 승부하는 스타벅스

커피는 휘발성이 강해 밀봉되지 않은 상태에서 오래 두면 고유의 향이 날아가 버린다. 그래서 스타벅스는 매장에서 일단 팩을 개봉한 원두는 7일 이내에 모두 소비하고 물도 정수된 것을 사용한다.

종전에는 커피를 맛으로 선택해서 즐기기보다는 그냥 마시는 커피로 인식하는 정도의 커피 문화가 대부분이었다. 그러나 외국 유학생과 외국 문화를 접하는 사람들이 늘어나면서 커피를 자기 개성에 맞게 즐기려는 고객이 늘고 있다. 특히 이제는 움직이면서 즐길 수 있는 테이크아웃 커피가 유행되고 있는 것도 하나의 생활 문화로 자리 잡고 있다. 또한 커피의 다양한 종류를 구비하여 손님들의 취향에 대비하고 있다.

3. 감성고객을 잡아라

감성고객은 고등학교를 갓 졸업했거나 대학을 졸업한 20~30대의 신세대 직장인들이 대부분이다. 이들은 브랜드를 중시하고, 주로 세일 기간을 이용하는 알뜰함도 보이며, 돈 버는 일에 관심이 많고, 또 문화생활을 즐기는 신세대의 대표이자 스타벅스의 핵심 고객들이다. 스타벅스는 감성세대의 생활 습관과 소비 패턴을 연구하여 그들이 움직이는 동선에 맞게 디자인하고 그들의 입맛에 맞는 메뉴, 그들이 즐길 수 있는 시설, 그들의 눈높이에 맞는 서비스를 제공하고 있다.

4. 문화 상품으로 성공하라

하워드 슐츠 회장의 저서 『커피 한잔에 담긴 성공신화』를 보면, 나이키와 같이 스타벅스는 마진이 적은 상품으로 외국 시장에 뛰어들어 세계적인 문화 상품으로 성공한 것이라고 언급하고 있다. 나이키를 신고 있는 운동선수들은 단순한 상품을 사는 것보다 운동선수로서의 자부심을 내포하고 있다는 것이다. 이처럼 유명 브랜드를 선호하는 소비자들이 그러하듯 스타벅스에 오는 고객들도 그렇게 생각하고 있다.

이는 백화점에 다니는 고객들이 슈퍼마켓에 가는 것을 꺼리는 것과 같은 맥락이며, 재래시장이 문을 닫게 되는 것도 이 때문이다. 그래서 스타벅스가 커피의 질이나 가격 수준을 심리적 하이퀄리티(high quality)에 두고 있는 이유도 바로 여기에 있다.

2002년 미국의 인터브랜드사가 조사한 100대 기업 선정에서 스타벅스는 93위로 기록되었으며, 브랜드 자산 가치는 20억 달러로 평가되고 있다.

2004년 스타벅스가 입점하고 있는 서울 충무로 명동빌딩의 스타벅스 커피전문점은 21세기 우리나라 최고의 금싸라기 땅으로 떠올랐다. 사람들은 충무로 스타벅스를 만남의 장소로 즐겨 이용하고 있고, 외국 관광객들도 명동의 랜드마크로 이용하고 있다. 하루 평균 방문객이 2,000여 명이라는 숫자는 스타벅스의 모객 효과가 대단하다는 것을 입증해 준다.

5. 감성적인 직원을 채용해 매장 분위기를 연출하라

예전에는 서울의 강남 압구정동이 신세대가 가장 즐겨찾는 장소였다. 그러나 지금은 강남역 부근에 최대의 상권이 있고 유흥가, 주점, 놀이 문화가 다 이곳에 밀집해 있어 해가 지면 젊은이들로 발 디딜 틈이 없다. 그러다 보니 지하철역 근처는 대형 문화 공간이자 상업 공간이 된다. 서울의 모든 젊은 감성 세대가 이곳에 모여 있다 해도 과언이 아닐 정도다. 물론 이곳의 스타벅스 매장이 서울에서도 일급 매장인 것 역시 두말할 필요도 없다.

커피 매장에서 제일 중요한 것은 시각적·청각적 요소이다. 시각적 요소는 매장의 인테리어, 음식 메뉴, 직원들의 유니폼 등을 말한다. 우선 스타벅스 매장에 들어서면 커피 향이 안락한 느낌을 준다. 커피에 관련된 원두 추출기와 소품들의 배치는 고객에게 은은한 자연스러움을 안겨 준다. 그야말로 커피 본연의 맛과 향기를 자연스러운 분위기에서 만끽할 수 있게 한다.

또한 매장 안에 설치하는 벽화나 그림 하나하나에도 커피를 연상시키는 장치를 하거나 커피 마시고 싶은 생각이 들도록 디자인한다. 이런 분위기를 연출하기 위해 본사에서는 직원 중 10%가량을 예술가나 디자인 분야에 종사하는 사람들로 구성하고 있다.

디자인 ^{경영}

디자인 경영

디자인의 새로운 인식

최근 들어 디자인을 공부하는 학생들이 상당히 많아졌다. 미술 분야에 약간의 소질이라도 보일라치면 디자인을 공부해보라고 필자는 권한다. 사회 환경의 변화와 소득 수준의 향상으로 문화 산업이 발달하면서 디자인에 대한 인식이 크게 향상되었다. 수년 전부터 디자인에 대한 인식이 달라졌으며, 많은 사람들이 희망적인 직업으로 생각하고 있다. 현재 대학에서 배출하는 디자이너는 매년 3만 6,000명 정도로 대부분 디자인 계열 전공자들이다.

과거보다 많이 좋아지기는 했지만 지금처럼 척박한 환경에서 어떻게 이렇게 많은 디자이너가 탄생될 수 있었을까?

절로 고개가 갸웃거려진다. 첫째는 교육 환경과 실험 기자재의 수준 미달이고, 둘째는 일부 교수의 디자인 현장 경험이 없는 것도 우려되는 점이다. 오히려 대기업 중에는 훌륭한 기자재를 갖춘 기업이 많다.

대학에서 먼저 기자재의 활용을 익히고 기업으로 진출해야 하는데, 대학에는 갖추어져 있지 않으니 기업에 가서 주저주저할 수밖에 없다. 교수가 만져 보지도 못한 기자재가 기업에는 있다. 왜 갑자기 기자재 타령이냐고 할지 모르지만 모든 디자인 제작 과정에 필요한 공작 기계, 실험 및 검증에 필요한 데이터테스팅, 시뮬레이션 등 전자 장비는 모두 고가여서 대학에서는 구비하기 어렵다. 이런 것들이 현재 한국 디자인 교육 현장이 척박한 환경임을 잘 말해 주고 있다.

다른 분야도 마찬가지겠지만 열악하고 후진적인 환경에서 우리는 디자이너를 탄생시켜 왔다. 그동안 삼성과 현대는 해외의 유능한 디자인 고문을 영입하고, 디자이너의 해외 훈련 및 현지 적응을 위한 잦은 해외 출장으로 현지 감각을 익히면서 지속적으로 사내 교육을 시켜 왔다.

이러한 환경 속에서 2000년 들어 세계적인 베스트 디자인 제품이 탄생했다 삼성의 애니콜, 현대의 EF 쏘나타가 바로 그것이다. 삼성은 에니콜을 개발하는 과정에서 회장에서부터 모든 임직원이 총동원되어 개발 업무에 주력했다. 디자인의 기획에서부터 개발 회의, 개발 과정까지 일일이 지켜보았다. 이 과정에서 이건희 회장은 핸드폰의 아래쪽에 위치한 ON, OFF 의 기능을 위로 옮기는 메커니즘의 구조 변경에 대하여 직접 아이디어를 제시했다. 즉, 문자 메시지를 보내거나 전화를 걸 때 ON, OFF가 아래에 있으면 끄기가 불편할 것이라는 이 회장의 제안이 새로운 제품으로 탄생하는 계기가 되었다.

훗날 이것은 전 세계 핸드폰의 기본 모델이 될 정도로 확산 되었다. 대우의 김우중 전 회장도 소형차인 마티즈의 디자인 개발을 위해 영국의 디자인 회사를 직접 방문해 의뢰한 사실이 있다. 그는 바쁜 해외 일정에도 디자인 개발회의에는 꼭 참석해 지켜보는 열의를 보였다. 이 같은 기업 오너들의 리더십이 오늘의 결과를 가져온 것이다. 기업에서 성공한 오너들은 디자인 지식이 수준 이상이었음을 감지할 수 있다. 오너들이 디자인의 기본을 숙지하고 디자인 개발에 관여하며 개발 관련 회의에 참여하는 것은 디자인 경영의 중요한 과정이라고 할 수 있다.

디자인 경영의 개념

1820년 영국이 주도한 산업혁명을 통하여 수공업에 의존하던 유럽 시장이 기계화에 의한 대량생산 체제를 갖추게 되었다. 도시가 확장되고 인구의 증가와 함께 수공업 제품만으로는 수요와 공급을 맞출 수가 없게 된 것이다. 기계화에 의해 다량으로 생산되던 당시의 제품은 조잡할 수밖에 없었지만,

영국의 공예가 모리스(William Morris)가 주장한 대로 상품의 질은 떨어졌으나 다량 생산에 의해 저렴한 가격으로 모든 소비자의 욕구를 충족시킬 수는 있었다.

12세기 이후 유럽과 아시아의 무역에서 많은 무역상들은 상점을 구분하는 간판을 사용했으며, 15세기에 이르러 구텐베르크의 활자 발명은 곧 인쇄술의 발달로 이어졌고, 이는 광고와 홍보 시대를 맞게 된 계기가 되었다.

기계화에 의해 다량의 상품들이 생산되면서 경영이나 디자인 측면에서 산업사회로 출발하는 중요한 전환점이 되었다. 제품도 소비자의 요구도 다양화되면서 디자인은 기업의 마케팅과 경영에 커다란 영향을 주게 된다. 경영과 디자인이 접목되면서 사회 발달과 소비자의 욕구에 의해 상호 보완적으로 발전하게 되었으며, 이때부터 디자인과 경영이라는 새로운 문제가 사회 환경 요인에 의해 출현하게 되었다.

산업사회의 발달로 대량생산 체제와 소비문화의 변화에 따라 생산자는 생산관리가 필요하게 되었고, 소비자에게는 다양한 감성 문화와 다양한 소비자의 욕구에 의해 혁신적 디자인 서비스가 필요하게 되었다. 이렇게 다양해진 욕구와 강력한 파워를 가진 소비자를 대상으로 한 치열한 글로벌 경쟁에서 디자인 경영이라는 새로운 방법이 필요하기에 이르렀으며, 이제는 디자인 혁신으로 소비자의 감성과 욕구에 맞는 새로운 브랜드를 개발하지 못하면 기업이 살아남을 수 없는 브랜드 경쟁 시대를 맞게 되었다.

경영 환경의 변화

일반적으로 경영이란 국가 산업의 발전과 사회 전체의 안락·복리를 위해 생산과 분배를 통하여 편안한 사회를 만들기 위한 것이다.

이러한 경영은 자본가의 자본 투자, 공장 설립, 생산 설비 및 원자재 구입, 그리고 생산을 위한 노동력 등 많은 자본을 필요로 한다. 이렇게 하여 기업가는 이윤을 얻게 되고 개인은 편안한 복리를 얻을 수 있다. 그러나 다양하고 복잡한 소비자들의 요구는 점점 개인화, 감성화의 세분화된 차별화를 요구하고 있다.

하지만 디자인에 대한 무한한 투자는 기업 경영에 큰 손실을 가져오게 되므로 시장의 요구와 기대에 부응할 수 있는 전략적 디자인 경영을 찾지 않으면 안 되게 되었다. 그러므로 기업은 기업의 경영 예산에 맞춰 인사, 재무, 회계, 구매, 운송, 보관 등의 체제를 재조정하여 디자인과 경영이 합리적으로 운영되도록 계획을 잘 수립해야 한다.

1970년대 한국의 국민소득은 250달러였으나 이후 1990년대에 이르기까지 한국은 무려 20배로 성장하였으며, 2003년에는 수출 2,000억 달러에 이르게 되었다. 세계 여러 나라 학자들도 한국의 경제 발전은 세계에서도 보기 드문 급성장이라고 말하고 있다. 일본의 경우 미국에서 들여온 반도체를 일본화하는 데 10년이 걸렸지만 한국에서의 반도체 성장은 불과

5년에 걸쳐 완성되었다.

이러한 성장 여건에 따라 사회 문화적 환경이 크게 변하게 되었다. 한국의 수출이 성장하는 과정에서 기술 혁신이 이루어져 모든 산업이 고급 기술의 평준화 시대를 불러왔다. 이로 인한 내수 시장의 확대와 소비자들의 근대적 소비문화의 형성이 새로운 감성적 제품을 요구하게 되었다.

삼성의 애니콜 브랜드는 어느 외국 학자가 자동차의 왕 벤츠에 비유할 정도로 감성 고급 제품으로 세계시장에서 기술과 디자인 면에서 인정받고 있다. 한국의 기업이 세계인들의 인정을 받기 위해서는 세계시장을 연구할 뿐만 아니라 글로벌 체제의 경영을 하지 않으면 안 되게 되었다.

삼성전자만 보더라도 마케팅과 디자인 부서에 국내외의 유능한 고급 인재가 영입되어 있으며, 세계의 각 지역마다 특성에 맞는 디자인 연구소가 있어 그곳의 현지 디자이너를 채용하여 디자인 현지화에 많은 노력을 쏟고 있다. 이런 현상은 점점 다른 기업에도 확산될 전망이다.

21세기의 통신과 정보의 발달은 급기야 기술 수준의 평준화를 불러 소비자는 상품의 선택에 있어서 강력한 파워를 행사할 수 있게 되었고, 기업은 성장을 위해 막대한 자금을 쏟아 부어야만 했다. 이제 다양해진 욕구와 강력한 파워를 가진 소비자를 대상으로 글로벌 세계의 치열한 경쟁에서 기업이 살아남기 위해서는 또 다른 선택을 해야 하는 상황에 직면해 있다. 이러한 상황에서 기업의 리더는 단순한 경영에만 매달릴 것이 아니라 새로운 디자인 경영을 기업의 전략으로 삼아야 한다.

과거의 디자인에는 예술성이나 심미성으로 표현된 상품들이 많았다. 그런 방법으로는 아무리 좋은 디자인을 개발한다 해도 개발비도 못 건지는 경우가 허다한 것이 현실이었다. 그러나 이제는 경영자 자신도 디자인 자체에만 매달리는 좁은 시야보다는 디자인을 경영의 요소로 받아들이는 인식이 우선되어야 한다. 이러한 인식의 전환으로 기업인이 디자인을 이해하고 모든 제품의 기획에서부터 제조 판매에 이르기까지 디자인을 적용하는 방법으로 회사의 특성에 맞는 프로그램 개발이 필요할 것으로 내다본다.

삼성은 핸드폰 기종이 바뀔 때마다 디자인 부서는 물론 모든 첨단의 관련 부서가 총동원되다시피 하나의 제품 탄생에 온 힘을 쏟고 있다. 이렇게 탄생된 몇 종의 핸드폰이 해외시장에서 호평을 받고 있는 것은 지극히 당연한 결과이다.

지금 삼성은 노키아 제품을 추격 중에 있지만 추월은 시간 문제일 것이라고 시장 전문가들은 내다보고 있다. 이유는 삼성의 디자인 컨셉이 월등하기 때문이다. 삼성의 디자인 컨셉은 모토롤라나 노키아와는 정반대의 입장에서 컨셉 설정을 하고 있어 소비자들의 호응이 커지고 있음을 느낄 수 있다. 이처럼 삼성은 디자인 컨셉 설정 과정에서부터 이미 소비자들에게 공격적 마케팅의 방법으로 접근하고 있는 것이다.

사회 현상과 가치 반영

국내 기업에서도 회사의 중역들이 디자인 경영에 참여하고 있는 예는 많다. 앞서도 언급했듯이 대우의 김우중 전 회장도 그러했고, LG도 그룹의 개편 과정에서 LG 디자인연구소의 소장 자리에 디자인 출신을 임명했으며 회장 자신도 그룹의 디자인 전략회의에 참여하고 있다.

장구한 수명을 자랑하는 독일의 그 유명한 자동차 폴크스바겐(독일어로 '국민차'라는 뜻)을 예로 들어본다.

폴크스바겐의 탄생 시기는 20세기 전반 자동차 디자인의 거성으로 명성을 떨쳤던 독일의 F. 포르쉐가 벤츠 자동차의 설계부장으로 있을 때로 거슬러 올라간다. 그는 1920년대 중반에 벤츠, 비틀, 포르쉐 등을 설계했으나 회사 중역의 반대로 꿈을 이루지 못하게 되자 자신의 회사를 세워 독립한 다음 국민차 설계에 들어가게 된 것이 폴크스바겐을 탄생시킨 동기가 되었다.

4인 가족과 여행 가방을 실을 수 있는 충분한 실내 면적, 추위에도 시동이 잘 걸리는 공기냉각식 엔진, 수리할 때 탈착이 편리하고 연료가 적게 드는 4기통 엔진의 소형차, 바로 이것이 폴크스바겐이다. 당시의 자동차들은 박스형 디자인이라 공기 저항을 많이 받기 때문에 시속 100km 이상의 속도를 내기 위해서는 유선형의 디자인이 필요하게 되었다.

둥근형의 자동차 이론을 계획한 포르쉐는 우연히 길을 거

닐다가 나무에 달라붙어 있던 딱정벌레에게서 아이디어를 얻어 완만한 딱정벌레(비틀)형 차를 완성하게 되었다. 폴크스바겐은 첫 모델서부터 지금까지 디자인이 세 차례밖에 바뀌지 않았다. 하지만 차가 처음 생산된 후 예상과는 달리 판매가 부진했다. 자포자기에 빠진 디자이너 포르쉐에게 구원의 손길을 뻗은 이는 아돌프 히틀러였다.

히틀러는 독일을 부흥시키는 한 방법으로 1933년 세계 최초로 고속도로 아우토반 건설을 시작하면서 이 고속도로를 누빌 국민차 개발을 포르쉐에게 의뢰, 폴크스바겐의 탄생을 보게 되었다. 1936년에 1,100cc 23마력 4기통 공랭식 엔진을 뒤에 장착, 최고 시속 85km에 공기저항계수 0.4, 휘발유 1리터로 13km까지 갈 수 있는 이 차는 히틀러의 요구로 1,000마르크 이하의 값싼 차로 만들어 당시로서는 초경제형 국민차로 각광을 받았다. 이와 같이 폴크스바겐이 개발된 배경에는 그 시대를 대변하는 사회적 요구가 있었다.

21세기의 자동차 디자인은 인간의 감성이 존중될 것이라는 의견이 지배적이다. 때문에 지금 자동차 디자인의 중요성은 더욱 강조되고 있다. 디자인 경영이 필요한 이유 몇 가지를 들자면 다음과 같다.

1. 디지털 기술과 디자인 산업

최근에 가속화되고 있는 정보통신기술(information communication technology)은 급속한 기술 혁신으로 인해 커뮤니케이션 분야뿐 아니라 생명공학, 로봇, 소프트웨어 등 타 분야의 기술 혁신에도 시너지를 주게 되면서 거기에 따른 신물질 개발과 사회적 요인의 등장이 결과적으로 인간의 생활과 주거 환경 및 문화를 변화시켜 가고 있다. 특히 디지털 기술의 발전은 시장의 글로벌화는 물론이요 시간과 공간을 초월하는 것으로, 실물경제의 공간인 오프라인(off-line) 세계에서 동시에 경쟁을 해야 하는 경영 환경에 직면하고 있다.

이와 같이 디지털화는 시장을 글로벌화하였고, 기존 기업의 전통적인 경영 체제를 급속하게 변화시켜 가고 있다. 특히 디자인 산업은 기존의 전통적인 아날로그형 디자인 산업이 뉴미디어 산업의 발전을 넘어 고품질화, 다양화, 다색화로 이어지는 디지털 디자인 산업의 가속화로 이어질 전망이다. 이제는 모든 기업이 제품 기획 단계에서부터 디자인 마케팅을 중요하게 다루고 있다.

디지털 기술 발전 외에도 디자인 패러다임을 변화시키는 두 번째 원동력은 급속한 세계화의 진전이라 할 수 있다. 세계화의 단순한 형태는 국제화 모델이라고 할 수 있다. 여기서 국제화란, 둘 이상의 국가들 사이에서 원자재·중간재·완제품 서비스·화폐 등을 서로 교류하는 과정을 일컫는다. 결국 세계화의 진전은 각국의 이데올로기를 비롯하여 사람들의 사고방식과 문화와 생활 패턴에 커다란 영향(예를 들어 한류 열풍 등)을 미치게 되었고, 세계시장을 대상으로 한 디자인 활동의 글로벌화는 디자인의 목표와 가치 확대를 촉진시키고 있다.

20세기 말에 많은 미래학자들은 21세기를 예측하면서 많은 정보와 키워드를 내놓았다. 그중 단연 돋보이는 것은 3D(Design, DNA, Digital)일 것이다. 즉, 21세기는 3D가 지배할 것이라는 예측이다.

18세기 산업혁명 이후 디지털 혁명은 그 변화의 속도와 파급 효과라는 측면에서 지금까지의 변화와는 또 다른 모습을 보여 주고 있다. 디지털 환경은 새로운 디자인의 프로세스를 형성하게 되었으며, 과거 생산자 중심의 디자인은 마케팅 중심의 디자인으로, 근래에는 다시 사용자 중심의 디자인으로 변하고 있다. 이러한 디자인의 변화는 평준화되어 가는 세계의 기술 수준을 가치로 삼지 않고 정보화를 바탕으로 하는 인간 중심에 가치를 둔 디자인을 지향하고 있다.

결과적으로 인간 중심의 디자인 가치는 단순히 제품을 통해 기업과 소비자를 만족시키는 차원이 아니라 정치·기술·사회·문화에 이르기까지 인간의 삶의 질을 향상시키고, 수준 높은 문화 정서의 함양에 도움이 될 수 있는 환경 변화가 올 것으로 예측한다.

2. 국가 경제성장의 원동력

멋있는 사람을 보면 흔히들 '영국 신사'라고 말한다. 영국은 신사의 나라답게 신사복 중에 브리티쉬 스타일이 있고 넥타이 매는 법 중에 윈저 노트(Windsor knot)가 있는데, 이는 모두 심프슨 부인과의 사랑을 위해 왕위를 버렸던 영국 왕실의

윈저 공(Duke of Windsor)에 의해 개발된 것으로, 영국 귀족들에게 사랑받던 것들이다. 이 스타일은 지금도 남성 패션의 스타일로 명성을 유지하고 있다.

과거 영국에는 세계적인 자동차 브랜드인 롤스로이스가 있었다. 고가에 안전성이 뛰어나고 귀족풍의 고급차였다. 그들은 아프리카 왕자가 롤스로이스를 사려 해도 탈 자격이 안 된다며 팔기를 거부할 정도로 고객의 수준까지 심사하면서 차를 팔았다. 당시 롤스로이스 광고 내용은 롤스로이스를 타는 세계의 명사를 소개할 정도였다.

그러나 이후 1980년대에 롤스로이스가 경영난에 허덕이게 되자 회사를 매각하기로 결심한다. 막상 회사를 인수하겠다고 나선 것은 영국 내 기업은 없고 모조리 외국기업뿐이었다. 보다 못한 영국인들은 영국의 자존심을 지키라며 항의하기에 이르렀고, 이들의 항의에 견디다 못해 정부 측과 롤스로이스는 외국에 팔지 않고 영국의 상표로 남게 했다는 유명한 일화도 있다.

롤스로이스가 매각 위기까지 가게된 것은 이 브랜드의 전성기에 고객의 요구를 받아들여 제2의 표적 시장을 잡지 못한 것, 또 자존심을 앞세운 롤스로이스의 귀족풍 이미지가 오히려 잠재 고객의 기대감을 버리고 외면하게 만든 결과를 가져온 것 등이다.

지금 영국의 세계적인 브랜드로는 버버리, 닥스, 립톤티 등 다수가 있는데, 디자인을 보면 고풍과 전통의 의미가 물씬 풍긴다. 그러나 현대의 시장은 사회 환경과 소비자의 변화와 기대에 따라 계속 새로운 것을 원하고 있고, 영국의 브랜드가 새로운 시장의 변화에 대처하지 못하고 있는 것을 롤스로이스와 버버리에서 찾아볼 수 있다.

대처 전 수상은 재직 시 디자인을 국가의 전략 산업으로 인정하고 국가의 디자인 진흥정책 수립은 물론, 매회의 때마다 수상이 직접 주관하고 계획을 수립하게 했다. 그 결과 영국의 디자인이 전통적으로 발전할 수 있었으며 지금도 세계적인 브랜드를 많이 갖게 된 계기가 되었다. 산업혁명 이후 영국은 산업경쟁력 확보, 가격 경쟁력, 마케팅 등을 중시하는 한편으로 유럽과 아시아·태평양 경쟁국들 간에 상품의 우위를 확보하기 위해 국가적 차원의 디자인 진흥정책을 시행, 큰 효과를 보았다.

그러나 인터브랜드사가 조사한 바에 의하면 세계 100대 브랜드 속에 69위(BP)에 머무르고 있는 것이 영국의 현실이다. 이만큼 시간이 흘러간 지금, 롤스로이스를 주문했다가 수모를 당했던 그 아프리카 왕자가 쉐빌로우 스타일의 신사복을 입은 영국 신사 앞에 서 있다면 과연 그는 뭐라고 말을 할까?

과거 스위스의 시계가 일본의 기술과 디자인에 밀려 시장 점유율 60%까지 일본에 빼앗겼을 때, 스위스는 전통적인 가내공업을 철폐하고 새로운 공장에서 '스와치'라는 패션시계를 개발하여 오늘날까지 스위스 시계의 자존심을 유지하고 있다.

이와 같이 과거의 전통 기술이나 명성은 새로운 시장 개념과 소비자를 리드하는 켄셉이 없으면 새로운 디자인에 밀리는 것이 현대의 시장 환경이며, 바로 이것이 생존 경쟁 속의 브랜드 마케팅이다.

3. 기업 간 경쟁력 향상

삼성 애니콜을 자동차의 대명사인 벤츠에 버금가는 '휴대폰의 벤츠'라고 했듯이 2002년 미국의 시사 주간지 뉴스위크가 삼성 휴대전화 SPH-A500 모델을 크리스마스 선물용으로 추천하고 싶은 최고 히트 상품 1위로 선정한 바 있다. 뉴스위크는 이 제품의 디자인과 성능 우수성을 선정 이유로 꼽았으며 작은 제품이면서도 화질이 선명해 웹 검색에 이상적이라고 평가했다. SPH-A500 모델은 2002년 출시 후 국내외에서 650만 대 이상 판매되는 대히트를 기록하고 있다. 더욱이 소니·에릭슨·필립스·노키아 등 경쟁사 제품보다 가격이 10-20% 이상 비싼데도 불티나게 판매되고 있으며, 2003년 현재 미국인 3명 중 한 명이 갖고 있을 정도로 수출 효자 상품으로 자리매김하고 있다.

삼성전자는 1990년 초반 다른 기업들보다 한발 앞서 실천에 옮긴 디자인 경영이 서서히 그 열매를 맺고 있는 것이다. 무엇보다도 지난해 비즈니스위크지와 미국 산업디자이너협회가 공동 주관하는 세계적 권위의 디자인상인 IDEA(Industiral Design Excellence Awards)에서 미국의 애플과 공동 1위를 기록한 것은 삼성전자의 디자인 경쟁력이 세계적으로 인정받은 쾌거로 설명되고 있다. 지금 삼성은 세계 핸드폰 시장 판매 1위인 노키아를 따돌리기 위해 기술과 디자인 개발에 심혈을 기울이고 있다.

4. 디자인 향상과 생산의 기회 제공

LG는 2010년 세계 제3대 전자·정보통신 기업으로 자리 잡겠다고 2003년에 선언한 바 있다. 구자홍 회장이 발표한 중장기 경영 목표에서는 이동통신 단말기, 디지털 TV, LCD, PDP 등에서 조기에 시장을 석권하려는 의지를 내비쳤다. 이는 이 회사 CEO의 디자인 중시 경영이 견인차 역할을 하고 있다. LG전자는 2002년 디지털디자인연구소와 LSR연구소를 통합해 디자인경영센터로 확대 개편했다. 이 회사 디자인 출신이 디자인경영센터장(부사장)으로 지위 상승한 것은 디자인 경영의 새로운 의지를 확신시킨 결과이다. LG전자 디자인경영센터는 오래 전부터 인재 육성에 많은 투자를 해 오고 있다. 우수 인재를 관리하는 탤런트 풀(Talent Pool) 프로그램을 운영하고 있으며, 시장에서 히트할 수 있는 상품의 새로운 컨셉을 만들고 디자인을 독자적으로 수행하는 슈퍼디자이너를 육성해 디자인 아이덴티티(정체성, 일관성) 확보에 심혈을 기울이고 있다.

또한 디자인 세계화를 위해 아일랜드의 더블린에 디자인연구센터를 설립(1991년)한 데 이어 미국 뉴저지(1993년), 캘리포니아(1999년), 도쿄(1993년), 베이징(1998년), 밀라노(2002년) 등에 6개 해외 디자인센터를 설립했다. 이는 글로벌 디자인 네트워크를 구축해 세계 디자인 흐름에 적극 대응하고 세계시장의 고객 취향에 맞는 디자인 개발에 주력한다는 취지로 볼 수 있으며, 미래 시장을 예측하고 이를 생산에 반영함으로써 적극적인 표적 시장을 리드하고자 하는 경영자의 경영 의지가 돋보이는 사례이다.

5. 제품의 차별화와 구매 의욕 자극

제품의 디자인에 영향을 미치는 요소로는 남녀 성의 차별화, 소비자의 등급에 의한 차별화, 가격에 의한 국내외의 환경 등 여러 가지 환경적 요인을 들 수 있다. 또한 제품 구매 시 타겟 마케팅에 의해 연령별로 여성들이 좋아하는 아이템을 보강해 꾸준히 구매층을 넓혀야 한다.

제품 생산을 위한, 또는 계획 과정으로 인식되었던 디자인의 의미가 이제는 기업 경영에 있어서 핵심적 요소 내지 기업 경영의 핵심 전략으로 인식되어 가고 있다. 창립 60주년을 맞는 한국도자기는 향상된 고객 정보 시스템을 위해 전사적(全社的)인 고객 정보 수집 및 분석 처리 시스템도 재정비했으며, 이 시스템은 고객 정보뿐 아니라 제품과 경영 전반에 대한 고객들의 불만과 제안을 접수·분석한다.

또한 품평회, 고객 모니터링 제도, 고객 만족도 조사 등을 지속적으로 실시해 디자이너들이 지체 없이 시장 흐름을 반영토록 하고 있다. 이러한 시스템의 기획과 운영은 최고 경영자의 의지와 비전이 있기에 가능한 일이다.

앞서 설명한 커피 체인점 스타벅스는 한국에서 커피 시장이 소득 수준의 향상과 라이프스타일의 변화에 기인한 음식 문화의 변화와 밀접한 관계가 있음을 일찍이 간파했다. 따라서 고급 커피에 대한 수요가 증가될 것으로 예측했으며, 상표 신뢰도를 중시하는 한국 사람들에게 강력한 브랜드 파워가 판매에 용이하다는 점을 잘 터득한 경우이다. 품질도 소비자가 결정하고, 점포의 분위기도 사람이 좌우한다. 사람 간의 친밀도가 최고의 판촉 요소가 되기 때문에 사람이라는 인적 자원이 감성 마케팅의 핵심 요소가 되며 구매 의욕을 자극하게 되는 것이다.

디자인 경영과 조직

기업 경영에 있어 대부분의 업무는 주로 조직 단위로 이루어진다. 총무·인사·노무·회계·재무·영업·생산·디자인·AS 등 부서 단위로 업무가 진행되며, 이들 업무는 각 부서 단독으로 수행할 수 있는 업무가 있는가 하면 여러 부서가 협력하여 업무를 수행하는 경우도 있다.

기업이 목적 달성을 위해서는 최고 경영자의 이념이나 전략 못지않게 조직의 구성 또한 중요하다. 특히 디자인 부서는 이전에는 단순히 디자인의 개발 업무 외에는 거의 영향력을 행사하지 못했을 뿐 아니라 타 부서에서도 고유 업무를 수행하는 데 있어서 디자인 부서와는 별다른 관계를 인식하지 못했던 것 또한 사실이다.

그러나 현재는 기업의 어느 부서, 어느 업무와도 디자인이 직접적으로 관련이 있다고 할 수 있다(CIP의 기능). 문제는 이들 조직과 디자인의 관계 설정이 중요한데, 이는 최고 경영자나 경영층의 책임이다. 즉, 조직 디자인 경영이 성공하기 위해서는 기업 디자인 경영이 성공적으로 이루어져야 하고, 하위의 프로젝트 디자인 경영이 효율적으로 이루어져야 한다는 전제를 안고 있다.

계획 수립의 과정

계획 수립이란 무엇을 할 것인가, 어떻게 그것을 할 것인가, 언제 그것을 할 것인가, 그리고 누가 그것을 할 것인가를 사전에 결정하는 것을 말한다.

계획 수립은 우리가 현재 하고 있는 것과 우리가 장래에 하기를 원하는 것과의 갭을 연결해 준다. 장래를 정확하게 예측한다는 것은 거의 불가능하며, 또 통제 불능한 디자인 전략의 실행 및 감독, 관리 구조의 창안, 프로젝트 개발, 결과 평가, 디자인 경영, 기술의 확인, 디자인 작업의 실행, 감독 및 평가, 디자인에 대한 비전, 전략적인 지시 및 승인, 협력적인 환경 조성 요소 때문에 계획대로 모든 것이 추진되기는 어렵다. 그러나 계획을 수립하지 않는다면 모든 일은 우연에 맡겨지고 경영은 비합리적으로 될 것이다. 따라서 행동 과정을 신중하게 결정하고, 목적과 지식 및 예측에 대한 의사 결정의 기준을 신중하게 할 것이 요구된다.

계획 수립은 미래의 여러 가지 대체적인 행동 과정 중에서 가장 유리한 어떤 것을 선정하는 것을 포함하기 때문에 그것은 모든 경영 직능 중에서 가장 기본적인 것이다. 계획 수립은 또한 경영자의 다른 직능이 어떻게 수행될 것인가 하는 것을 결정해 주는 지침이 되기도 한다. 이와 같이 경영자는 수립된 계획에 따라서 목표를 달성할 수 있도록 조직화 및 지휘, 통제를 하게 되는 것이다.

계획 수립은 목표에 도달하기 위한 수단을 결정하는 것뿐만 아니라 기업과 부문 목표를 설정하는 것도 포함한다. 또한 계획은 아무렇게나 수립되는 것이 아니므로 좋은 계획이 되기 위해서는 행동으로 실현 가능한 미래 환경의 성격을 반드시 고려해야 한다.

디자인 경영과 브랜드 매니지먼트

브랜드 매니지먼트

브랜드 매니지먼트(Brand Management)란, 간단하게 표현하면 브랜드를 관리하고 운영하는 것을 말한다. 코카콜라와 맥도날드처럼 브랜드 하나로 운영하는 세계적인 기업도 많다. 삼성은 2004년 영업이익 4조 원을 돌파했다. 이토록 천문학적인 흑자를 기록한 기업은 미국의 GE와 MS에 이어 세계에서도 몇 개 기업뿐이다. 삼성의 주력 품목은 반도체, LCD, 핸드폰이다. 삼성이 이처럼 성공할 수 있었던 배경에는 우수한 기술력, 그리고 경쟁 상품과 차별화할 수 있는 디자인이 뒷받침되었기 때문에 가능한 것이다. 삼성은 기업이 성장하는 단계부터 해외시장 개척을 위해 브랜드 관리에 총력을 기울였다.

한 예로 많은 비용을 들여 시드니올림픽의 공식 파트너로 참여한 삼성전자는 해외시장에서 좋은 반응을 얻을 수 있었고, 삼성의 브랜드 이미지를 높이는 데도 큰 역할을 했다.

이런 움직임은 지난 88 서울올림픽 때부터 시작된 것으로 보아야 할 것이다. 우리는 세계 유수의 공항에서 세계 유명 브랜드와 나란히 자리한 삼성의 광고도 볼 수 있다. 브랜드 관리 방법으로 지속적인 광고와 홍보는 반드시 필요하다. 이는 광고의 기능이 특정 제품만이 아니라 특정 브랜드에 대한 정보의 전달 기능을 갖고 있기 때문에 브랜드의 관리 전략에 광고가 흔히 사용되는 것이다. 더구나 세계 기업들은 글로벌화에 의한 다국적기업으로 전환하는 기업이 많으며, 이들 다국적기업이 세계적인 브랜드로 알려지면서 기업과 소비자들이 브랜드의 가치를 인정하게 되었다. 그러므로 기업은 브랜드의 이미지 제고, 관리, 브랜드 매니지먼트에 심혈을 기울이지 않으면 안 되게끔 되었다.

브랜드의 가치성

브랜드의 의미는 판매자가 상품 교환 과정에서 상품이나 서비스를 식별하고 경쟁사의 것과 차별화하기 위한 로고나 등록상표 등의 독특한 이름·기호·도형·색채 등을 의미한다. 브랜드의 자산이란 브랜드 운영으로 인한 로열티, 소비자의 인지도, 소비자가 인식하는 제품의 질적 수준, 연상되는 기업 이미지, 독점 브랜드의 자산 등으로 구성된다.

21세기의 급변하는 경영 환경에서 중요한 사실 중 하나는 기업의 가치가 유형자산에서 무형자산으로 변하고 있다는 것이다. 이제까지의 전통적인 공장이나 건물, 부동산과 같은 유형자산 위주에서 지식 자산, 기술 자산(벤처 기업), 브랜드 자산(삼성) 등과 같은 무형자산 위주로 기업의 가치 평가가 변하고 있다. 다시 말하면 기업의 매출 이익과 같은 전통적인 지표보다는 시장을 리드하는 브랜드의 소유 여부, 브랜드에 대한 운용 계획 및 투자 규모 등 브랜드의 경쟁력이 기업의 비전과 경쟁력 판단에 중요한 기준이 되고 있는 것이다.

이런 추세에 따라 우리나라의 기업들도 브랜드 중심 체제로 급속히 변모하고 있는 것을 각종 매스컴을 통해 알 수 있다. 미국의 인터브랜드사는 2004년 삼성의 브랜드 가치를 108억 달러로 발표한 바도 있지만, 우리나라는 아직까지 브랜드 가치를 기업의 자산으로 인정하지는 않고 있다. 하지만 기업 간의 매입이나 인수 과정에서는 그 가치를 인정하고 있는 것을 볼 수 있다.

브랜드 아이덴티티와 관리

요즘 소비자들은 물건을 살 때 먼저 메이커부터 보고, 그 다음에 가격을 확인한다. 물론 상위 몇 개 기업군 속에 들어가면 더욱 좋을 것이다. 문제는 듣도 보도 못한 소기업이나 신생 기업의 상품은 들었다가도 다시 내려놓는다.

소비자들은 본인이 구매하고자 하는 상품에 대해 특정 기업을 염두에 두지 않은 상황에서도 그렇게 행동한다. 단지 소비자들은 TV에 광고라도 나오면 대기업 또는 믿을 만한 기업으로 평가한다. 그래서 어느 기업에서 만든 것, 유명세를 가진 기업의 것이면 가격은 크게 문제 삼지 않는다. 이것이 브랜드의 강점이고 반복 구매와 충동구매의 원천이 된다. 명품을 살 때는 자긍심이나 자존심에 관계가 되지만, 브랜드의 경우는 신용과 안전성을 생각하는 것이 요즘 소비자들의 생각이다.

브랜드 전략 차원에서 보면 크게 두 가지로, 첫째는 브랜드 아이덴티티이고 두 번째는 브랜드 전략을 들 수 있다. 브랜드 아이덴티티에서 중요한 것은 그 회사가 가지고 있는 브랜드의 계열을 생각할 수 있는데, 브랜드의 수직적 계열을 보면 기업 브랜드, 패밀리 브랜드, 개별 브랜드, 브랜드 수식어의 4가지로 분류할 수 있다.

(주)대상을 예로 들어 보면 기업 브랜드는 대상이고, 패밀리 브랜드는 청정원, 개별 브랜드는 순창, 브랜드 수식어는 찰고 추장이다. 이렇게 수직적 관계에 따라 기업 내에서 해당 브랜드들의 위상과 역할을 규정할 수 있다. 각 브랜드들은 그 브랜드의 위상과 역할에 따라 마케팅 지역의 배분과 마케팅 자원의 배분이 이루어진다.

따라서 마케팅 계획에서도 기업 브랜드 중심 전략, 패밀리 브랜드 중심 전략, 개별 브랜드 중심 전략의 3가지로 구분할 수 있다. (주)대상은 패밀리 브랜드 청정원을 전략적 브랜드로 하고 있으며, 이 중에서 순창이란 개별 브랜드는 청정원의 수직적 개념을 의미한다. 우리나라의 기업 브랜드 중심 전략 기업으로는 오뚜기, 해찬들, 풀무원 등이 있다. 패밀리 브랜드의 대표는 청정원이라 할 수 있다.

미국의 제너럴모터스(GE)는 각각의 개별 제품에 'GE'를 사용함으로써 제너럴모터스의 신용, 보증 등으로 소비자에게 심리적 만족감을 주고 있다. 또한 이러한 브랜드 사이의 관계를 CI(시각적 동일화)에 의해 하나의 일체감과 한 기업군이라는 의미를 심어 주고 있다. 한 예로 GE는 패밀리의 개념을 심어 주는 대표 브랜드의 역할을 하고 있다.

다시 말하면 브랜드 아이덴티티는 시각적이고 청각적이지만 기업이 갖는 감성적 이미지를 하나로 묶어 소비자들이 GE라는 기업 브랜드 속에 제품마다의 개별 이미지와 기업 브랜드 GE가 갖고 있는 신용과 보증의 의미를 공유하고자 하는 개념이다. 그래서 기업은 브랜드 아이덴티티를 위해 CI나 BI(브랜드 동일화)의 전반적인 디자인 작업을 통해 고객의 마음을 하나로 묶을 수 있는 아이덴티티 작업을 위해 이벤트 행사를 실행하고 있으며, 이로 인해 소비자들에게 브랜드에 대한 자긍심과 충성심을 갖도록 노력하고 있다.

브랜드 아이덴티티의 전략 사례로 앞서 말한 (주)대상의 청정원 제품을 들 수 있다. (주)대상은 초창기의 이름인 '미원'을

'(주)대상'으로 바꾸고 청정원을 패밀리 브랜드로 하고 순창은 개별 브랜드로 하는 아이덴티티를 실행함으로써 순창고추장과 된장에도 미원이 들어 있다는 소비자들의 숨은 이미지를 개선하는 데 성공했다.

디자인의 새로운 인식

물건을 잘 만들면 팔리게 마련이라는 생각은 이미 옛날이야기다. 1980년대부터 1990년대까지는 우리나라 기업인들이 디자인에 대한 중요성을 인식하지 못했었다. 그러던 것이 1990년대 중반 우리 기업들이 세계시장을 무대로 뛰어들면서 수출 시장에서 디자인의 문제가 부각되기 시작했고, 이때부터 디자인에 대한 새로운 인식을 갖게 되었다. 대기업들이 세계 여러 나라에 디자인 연구소를 설립하기 시작한 것도 이때부터이다. 그리고 디자인이 여기까지 발전하게 된 것은 그동안 매스컴의 공도 컸다고 여겨진다. 특히 1994년 KBS가 수출 시장의 디자인에 관한 제반 문제점을 다큐멘터리로 제작하여 방영한 것은 기업가들에게 큰 충격을 주었음에 틀림없다.

우리나라 대표 기업이라고 스스로 자부하는 삼성, 그리고 미국의 기술조사기관의 기술 점검에서 13위로 올라간 현대자동차는 세계 곳곳에 디자인 연구소를 운영함으로써 세계 유수한 동종 업계와의 경쟁에서 선전하고 있다. 그뿐 아니라 삼성이 임원 전체가 디자인 전쟁을 벌이듯 외국인 디자인 고문과 외국 교수들로 구성된 디자인 자문위원회를 운영한 것은 애니콜을 세계무대에서 1위를 넘보는 톱 메이커로 급부상시킨 결과를 가져오게 했다.

이처럼 디자인의 개발은 하루아침에 이루어지는 것이 아니다. 오랜 연구와 실험에서 얻는 경험을 거쳐 새로운 크리에이티브 디자인이 탄생하게 된다. 한국이 1970년에 가나공화국과 같은 수준인 GNP 250달러로 출발하여 현재의 2,000달러의 경제 중진국이 되기까지 불과 30여 년이라는 짧은 역사를 가지고 기술과 생산, 마케팅에 이르기까지 수많은 우여곡절이 있었음은 우리 국민 모두가 잘 인식하는 바이다.

그러면 21세기에는 디자인이 어떻게 펼쳐질까?

정확한 예측은 어려우나 21세기의 창의적 혁신을 표방하는 일본 소니의 경우 컴퓨팅 환경, 즐거운 기술, 인간에 대한 이해를 내걸고 현재 개발 중인 엔터테인먼트 로봇인 아이보(Aibo)를 보면 느낌이 온다. 이 로봇은 개발하는 과정에서 지난해 소비자의 반응을 시험해 보기 위해 가격을 높게 책정했는데도 놀라울 정도로 인기가 있었던 것으로 나타났다. '아이보'는 사람이 할 수 있는 성격 형성, 감성적인 센스, 운영하는 사람에 따라 감성 기능을 발전시킬 수 있는 능력까지 갖추고 있다. 즉, 인간의 행동과 능력에 근접하는 기술의 발전으로 평가된다.

소니는 뇌과학의 최신 연구 성과를 응용해 인간과 자유롭게 의사소통할 수 있는 차세대 인간로봇 완성에 목표를 두고 있다. 우리나라는 KAIST에서 발명 중인 로봇을 쟈이툰 부대의 이라크 전투 작전에 참여시킬 계획으로 있다.

소니가 모토로 내거는 '디지털 드림 키즈'(Digital Dream Kids : 디지털 희망세대)처럼 기업들이 디지털 기술을 이용하여 사람들의 꿈을 실현시키고자 하는 것을 보면, 21세기는 인간의 삶의 질과 디지털 드림이 함께 어우러진 생활환경 제품들이 디자인 부문에서 치열한 경쟁을 벌일 것으로 예상된다.

참고문헌

권명광 엮음, 『바우하우스』, 미진사, 1984.

김성홍 외, 『이건희 개혁 10년』, 김영사, 2003.

김열규 외, 『한국문화의 뿌리』, 일조각, 1995.

김영환 외, 『스타벅스 감성마케팅』, 넥서스북, 2003.

김호곤 외, 『디자인 경영전략』, 한울아카데미, 2003.

김훈철 외, 『칼라마케팅』, 사민서각, 1989.

노장오, 『브랜드 마케팅』, 사계절, 1994.

루돌프 아른하임, 김정오 옮김, 『시각적 사고』, 이화여대출판부, 1981.

사도야마 야스히코, 정경원 옮김, 『디자인 전략 경영 입문』, 미진사, 1995.

새뮤얼 헌팅턴, 이희재 옮김, 『문명의 충돌』, 김영사, 1997.

신언모 외, 『디자인은 생활 속에 있다』, 태학원, 2002.

신언모, 『개성추구의 디자인시대』, 충남대 출판부, 1995.

윤태림, 『한국인의 성격』, 동방도서, 1986.

이우용 외, 『마케팅원론』, 형설출판사, 1987.

자넷 로위, 강석진 옮김, 『위대한 영웅 잭웰치』, 물푸레, 2001.

채수명, 『디자이너 경영마인드』, 창지사, 1998.

고객을 사로잡는 디자인 혁신

초판발행 2004년 10월 30일 | 2쇄발행 2007년 7월 5일
지은이 신언모
펴낸이 심만수 | 펴낸곳 (주)살림출판사
출판등록 1989년 11월 1일 제9-210호

주소 413-756 경기도 파주시 교하읍 문발리 파주출판도시 522-2
전화번호 영업·(031)955-1350   기획편집·(031)955-1357
팩스 (031)955-1355
이메일 salleem@chol.com
홈페이지 http://www.sallimbooks.com

ISBN 89-522-0299-6 04080
        89-522-0096-9 04080 (세트)

* 잘못된 책은 구입하신 서점에서 바꾸어 드립니다.
* 저자와의 협의에 의해 인지를 생략합니다.

값 3,300원